LA RETRIBUCIÓN DE LOS ADMINISTRADORES Y LOS GASTOS DE ACTUACIONES CONTRARIAS AL ORDENAMIENTO JURÍDICO

(Art. 15, letras e) y f), de la Ley 27/2014, del Impuesto sobre Sociedades)

LA RETRIBUCIÓN DE LOS ADMINISTRADORES Y LOS GASTOS DE ACTUACIONES CONTRARIAS AL ORDENAMIENTO JURÍDICO

(Art. 15, letras e) y f), de la Ley 27/2014, del Impuesto sobre Sociedades)

1.ª EDICIÓN

Antonio Durán-Sindreu Buxadé

Profesor de la UPF
Doctor en Derecho
Licenciado en Administración y Dirección de Empresas
Diplomado en Ciencias Empresariales
Miembro de la Real Academia Europea de Doctores
Miembro de la Asociación Española de Asesores Fiscales

COLEX 2021

Calle Costa Rica, número 5, 3º B (local comercial)
A Coruña, C.P. 15004
info@colex.es
www.colex.es

I.S.B.N.: 978-84-1359-187-2
Depósito legal: C 276-2021

A mis nietas, Alex, Olivia y Amaia,
verdadera ilusión por la vida.
A mis hijos, Toni, Mercè, y Miki,
por estar siempre ahí.
A mis padres,
por su experiencia.
A Nerea,
por su cariño.
Y a Teresa,
en agradecimiento a su amor, entrega, cariño, y dedicación.

SUMARIO

INTRODUCCIÓN

Seis años tuvieron que transcurrir para que el legislador pusiera fin a la conflictividad que suscitó la conocida como Sentencia MAHOU (13/11/2008) que, en aplicación de la *"teoría del vínculo único"*, calificó como liberalidad la retribución por funciones de alta dirección de un alto directivo y administrador, cuyo cargo, como tal, era gratuito; controversia que puso fin al proceso judicial iniciado consecuencia del acta de disconformidad de 19/12/1997 con relación al ejercicio 1994.

En definitiva, 11 años de controversia judicial, más 6 años de inactividad legislativa, hasta que la Ley 27/2014, del Impuesto sobre Sociedades, pretendiera zanjarla previendo en su art. 15.e) que no son liberalidades *"las retribuciones a los administradores por el desempeño de funciones de alta dirección, u otras funciones derivadas de un contrato de carácter laboral con la entidad"*.

La interpretación que casi de forma unánime se hizo de dicho artículo, es la de que tales retribuciones son fiscalmente deducibles sin perjuicio de que los estatutos previeran que el cargo de administrador es o no retribuido.

Pocos intuían que la redacción que la misma ley ha hecho de la letra f) de idéntico artículo iba a impedir cerrar definitivamente el problema al prever que no son gasto fiscalmente deducible "los gastos de actuaciones contrarias al ordenamiento jurídico".

Seis días después de aprobarse la Ley 27/2014, se aprobó, también, la Ley 31/2014, de 3 de diciembre, por la que se modifican determinados preceptos de la Ley de Sociedades de Capital.

Entre tales modificaciones, destaca la de su art. 249, que contempla la figura del Consejero Delegado con funciones ejecutivas, y cuya retribución, regulada obligatoriamente por contrato, la doctrina consideró, mayoritariamente, que era independiente de la presunción de gratuidad recogida en su art. 217.

En otras palabras, el hecho de que el cargo de consejero delegado o ejecutivo esté retribuido, es compatible con el de que el cargo de administrador sea gratuito. De esta forma, la teoría del *"doble vínculo"* volvía a ganar enteros.

La propia Dirección General del Registro y Notariado, en su Resolución de 17/6/2016, corroboró tal interpretación al señalar que la función ejecutiva no es una función inherente al cargo de consejero como tal y, por tanto, que su retribución no ha de constar en los estatutos.

Sin embargo, años más tarde, la Sala de lo Civil del Tribunal Supremo, en su Sentencia de 26 de febrero de 2018, consideró que los estatutos han de prever también tal retribución, sentencia, no obstante, que no solo no fija jurisprudencia, sino que es contraria a la opinión mayoritaria de la doctrina.

La pasividad del legislador tributario se puso de nuevo de manifiesto. Pasividad, en este caso, que pudiera estar justificada al entender, como muchos lo hicieron, que el art. 15.e) de la ley 27/2014 no deja lugar a dudas.

Y así es, realmente, si no fuera por la reciente Resolución del Tribunal Económico Administrativo Central, de 17 de julio de 2020, que considera que el art. 15.f) limita y condiciona la previsión que el art. 15.e) hace.

En su opinión, la retribución a los administradores por el desempeño de funciones de alta dirección (art. 15.e)) no son una liberalidad, siempre que no se trate de gastos de actuaciones contrarias al ordenamiento jurídico (art. 15.f)).

En definitiva, la retribución que los administradores perciben por tales funciones sin que los estatutos así lo prevean, no son fiscalmente deducibles, ya que su deducibilidad exige inexcusablemente que se cumpla con la normativa mercantil.

Y casi 23 años después, el conflicto continúa sin resolverse.

El objeto de este trabajo es el de analizar el tratamiento fiscal de la retribución de los administradores en el Impuesto sobre Sociedades tras su reforma de 2014, e intentar delimitar el concepto y alcance de gastos de actuaciones contrarias al ordenamiento jurídico.

Para ello, haremos un breve repaso a la evolución jurisprudencial que desde la sentencia MAHOU hasta hoy se ha producido y acudiremos a principios y criterios que nos ayudarán a entender mejor la solución a la controversia judicial y administrativa, entre otros, los principios de calificación tributaria y de irrelevancia fiscal de los vicios que afectan a la validez de los actos y/o negocios, y el criterio judicial del *"abuso de formalidad"*.

Estudiaremos, también, conceptos importantes como los de actos radicalmente prohibidos, o nulidad de pleno derecho por incumplimiento de normas imperativas y prohibitivas a que el Código Civil se refiere.

Y analizaremos, por supuesto, la Resolución del Tribunal Económico Administrativo Central de 17 de julio de 2020.

Conviene no obstante preguntarse cómo es posible que tras la reforma del 2014 volvamos a estar en una situación similar a la que existía hasta la misma.

La respuesta no puede ser otra que la de que la Agencia Estatal de la Administración Tributaria no ha considerado que la Ley 27/2014 zanjara el problema; circunstancia que el TEAC ha corroborado.

Tampoco ha contribuido el hecho de que la Dirección General de Tributos no haya sido más explícita en las muchas resoluciones que ha resuelto a contestación de consultas vinculantes planteadas por los contribuyentes.

En otro orden de cosas, este trabajo no hubiera sido posible sin el trabajo de campo y debate con muchos de mis colaboradores profesionales, entre otros, Adriana Lafuente, Carme Setó, Mercedes Martín, Covadonga Carrera, Sergi Rubert, María Cañas, Marta Puig, Daniel Autet, Omar Molina, Anna Ric, y la también ayuda ortográfica y de reseña bibliográfica de Mercè Viader y Cristina Obon.

No sería tampoco justo olvidarme de Teresa, mi pareja, y de Nerea, su hija, por la generosidad que han tenido al renunciar al merecido tiempo de disfrutar en familia y permitirme dedicar el mismo a escribir este trabajo.

No puedo finalizar esta breve introducción sin señalar que, en ocasiones, tengo la impresión de que algunos Magistrados y/o miembros de Tribunales administrativos, viven en una burbuja de cristal con absoluto desconocimiento de la praxis empresarial.

Quisiera también denunciar la preocupante situación de inseguridad jurídica en la que nos encontramos y que paraliza las decisiones empresariales, ahuyenta a los emprendedores, desincentiva la inversión nacional y extranjera, y contribuye a una profunda desafección con el sistema.

En definitiva, un verdadero caos que identifico con el ocaso del Derecho cuyos responsables son, primero, el legislador, por su nefasta técnica legislativa y por su pasividad legislativa ante su inacción frente a problemas que afectan al día a día de los contribuyentes; segundo, la Administración Tributaria, con su vocación de negarse a una fiscalidad verdaderamente participativa; y tercero, los contribuyentes que, ante tal situación, y en lugar de revelarse, se cobijan en el lógico temor a la confrontación con la AEAT y acaban asumiendo con resignación que, en caso de duda, todo tributa.

En definitiva, un verdadero fracaso de la fiscalidad participativa o colaborativa y un verdadero desprecio al Estado de Derecho y a los principios que lo informan.

Y me pregunto, ¿estamos destinando los recursos públicos de forma adecuada?

Hasta aquí, la introducción tal y como la había escrito el 22 de diciembre de 2020, pocos días antes de que tuviera que enviar a la editorial el correspondiente archivo.

Con posterioridad, en concreto, el 31 de diciembre, sufrí inesperadamente un trombo en los dos pulmones que me tuvo ingresado durante un tiempo y del que, afortunadamente, me estoy recuperando satisfactoriamente.

De ahí el retraso en la publicación de esta obra. Por tal motivo, quisiera agradecer la generosidad, amabilidad, comprensión y empatía de la editorial COLEX, de la que me siento muy orgulloso de pasar a ser uno de sus autores.

La imprevista experiencia me obliga también a recordar que la vida se nos va en el momento más inesperado. La muerte no te pide permiso. No avisa. De ahí que modestamente les sugiera a todos vivir y disfrutar cada instante: al caminar, al leer, al comer, al trabajar, en nuestra relación con terceros. Y también reír. Reír mucho, y perdernos con la mirada puesta en el cielo azul, o en las estrellas que iluminan la noche. Admirar la naturaleza; escuchar el sonido del silencio. Sentir la brisa del viento. Apreciemos en suma lo mucho que la vida nos da y que no nos damos cuenta. Vivamos vivos la vida. Gracias pues a la vida por darme otra oportunidad. Espero saberla aprovechar.

Por último, mi agradecimiento eterno y sincero a todos aquellos que, durante mi estancia en el hospital, me han mostrado su cariño.

Barcelona, 15 de febrero de 2021

CAPITULO 1

GÉNESIS DEL PROBLEMA Y EVOLUCIÓN JURISPRUDENCIAL HASTA LA REFORMA DE 2014

1. Génesis del problema

La retribución de los administradores en el ámbito del Impuesto sobre Sociedades (en adelante, IS), ha sido desde 2008 una cuestión controvertida, en particular, en los casos en los que por sus funciones directivas perciben una retribución y los estatutos prevén que su cargo es gratuito.

Conviene recordar que, desde hace ya muchos años, se viene distinguiendo entre funciones *"deliberativas"* o *"supervisoras"*, como propias del órgano de administración, y funciones *"directivas"*, como propias del alto directivo o consejero ejecutivo; distinción que, según la doctrina científica, permite afirmar la existencia de un *"doble vínculo"* entre el alto directivo y administrador con la empresa: uno, de naturaleza mercantil, y, otro, de naturaleza laboral.

El punto de partida de dicha distinción es el art. 1.3.c) del Estatuto de los Trabajadores que excluye de su ámbito *"la actividad que se limite, pura y simplemente, al mero desempeño del cargo de consejero o miembro de los órganos de administración en las empresas que revistan la forma jurídica de sociedad y siempre que su actividad en la empresa solo comporte la realización de cometidos inherentes a tal cargo"*.

Sin embargo, la doctrina jurisprudencial del *"vínculo único"*, conocida también como *"unitaria"*, y que inicia su andadura a raíz de la Sentencia de la Sala 6ª del Tribunal Supremo, de 29 de septiembre de 1988, conocida como *"caso Huarte"*, negó la existencia de un *"doble"* vínculo ([1]).

La formulación clásica de esta doctrina se fundamenta en que *"en supuestos de desempeño simultáneo de actividades propias del Consejo de administración*

---

1 STS 15517/1988 de 29 de septiembre de 1988, "caso Huarte".

de la Sociedad, y de alta dirección o gerencia de la empresa, lo que determina la calificación de la relación como mercantil o laboral, no es el contenido de las funciones que se realizan sino la naturaleza de vínculo, por lo que si existe una relación de integración orgánica, en el campo de la administración social, cuyas facultades se ejercitan directamente o mediante delegación interna, la relación no es laboral, sino mercantil, lo que conlleva a que, como regla general, solo en los casos de relaciones de trabajo, en régimen de dependencia, pero no calificables de alta dirección sino como comunes, cabría admitir el desempeño simultáneo de cargos de administración de la Sociedad y de una relación de carácter laboral" ([2]).

En consecuencia, y como acertadamente BARROS GARCÍA resume ([3]):

1. La relación jurídica entre el administrador y la sociedad se rige por la normativa societaria y los estatutos sociales.
2. Cualquier contrato de alta dirección suscrito entre el administrador y la sociedad es jurídicamente ineficaz.
3. Las condiciones económicas del administrador, han de estar previstas en los estatutos sociales.
4. El cargo de administrador es compatible con una relación laboral común.

El problema alcanzó su clímax cuando, con posteridad, el propio Tribunal Supremo (en adelante, TS) aplicó dicha doctrina al ámbito tributario, concluyendo que al no prever los estatutos la retribución del administrador, el importe que retribuye sus funciones directivas no es deducible en el IS.

El punto de partida fue la Sentencia del TS de 13 de noviembre de 2008, conocida como Sentencia MAHOU ([4]).

Las consecuencias de la teoría del *"vínculo único"* no se ciñen solo a los casos en los que la sociedad se rige por un Consejo de Administración, sino también a aquellos en los que ésta se rige por uno o varios administradores.

Basta recordar que hasta dicho momento era muy habitual que los estatutos de las sociedades, sobre todo en las PYMES, previeran el carácter gratuito del cargo de administrador y, simultáneamente, la posibilidad de que éste, o cualquier otra persona, pudiera realizar funciones ejecutivas distintas de las que legalmente le competen como tal.

---

2 Vid., entre otras, Sentencias del Tribunal Supremo (Social) de 29/9/1988 (RJ 1988/7143), 21/1/1991, 13/5/1991, 3/6/1991, 18/6/1991, 27/1/1992 (RJ 1992/76; rec. 1368/1991), 11/3/1.994 (RJ 1994/2287; rec. 1318/1993), 22/12/1994 (rec. 2889/1993), 16/6/1998 (RJ 1998, 5400; rec. 5062/1997), 20/11/2002 (rec. 337/2002) y 26/12/2007 (RJ 2008/1777) (rec. 1652/2006), 24/5/2011 (RJ 2011/5098; rec. 1427/2010) ó 12/3/ 2014 (rec. 3316/2012).

3 BARROS GARCÍA, MARIO. "¿Continúa vigente la «doctrina del vínculo» tras la modificación de la ley de sociedades de capital?". *Actualidad Jurídica Uría Menéndez*, 41-2015. Págs. 36 y 37.

4 STS 7057/2008 de 13 de noviembre de 2008, nº recurso 3991/2004, "sentencia Mahou".

Nos estamos refiriendo a las cláusulas estatutarias que establecían, por ejemplo, que *"el cargo de administrador es gratuito. Los administradores de la sociedad podrán designar los cargos de Director, Gerente o cualquier otro cargo que se estime oportuno, para realizar funciones distintas a las que éstos legalmente les competen. Dichos cargos podrán recaer en socios, en cuyo caso el importe a satisfacer en concepto de rendimiento del trabajo, así como el alcance de las funciones a desarrollar será establecido anualmente por la Junta General. El establecimiento o la modificación de cualquier clase de relaciones de prestación de servicios o de obra entre la sociedad y uno o varios de sus administradores requerirán acuerdo de la Junta General".*

Las consecuencias fiscales de la Sentencia MAHOU obligaron pues a modificar los estatutos de muchas sociedades previendo expresamente la retribución del cargo de administrador.

Sin embargo, dicha modificación no daba cobertura a las situaciones anteriores a la sentencia, circunstancia que ha tenido como consecuencia la regularización como gasto no deducible en el IS de las retribuciones satisfechas.

La polémica *"fiscal"* no se zanjó hasta la Ley 27/2014, del IS, que, en su art. 15.e), establece que no son liberalidad *"las retribuciones a los administradores por el desempeño de funciones de alta dirección"*; precepto, no obstante, que en su letra f) señala igualmente que no son gasto fiscalmente deducible *"los gastos de actuaciones contrarias al ordenamiento jurídico"*.

Pocos días después de aprobarse esta última, se aprobó, también, la Ley 31/2014, de 3 de diciembre, por la que se modifican determinados preceptos de la Ley de Sociedades de Capital (en adelante, LSC).

Hay que destacar, sin duda, la descoordinación legislativa entre ambas normas ya que, conscientes del problema, lo deseable hubiera sido una coordinación, al menos sintáctica, entre ellas.

Entre las modificaciones aprobadas por la Ley 31/2014 en la materia que aquí nos ocupa, hay que subrayar, primero, su art. 217.3 en el sentido de que *"el importe máximo de la remuneración anual del conjunto de los administradores* ***en su condición de tales*** *deberá ser aprobado por la junta general y permanecerá vigente en tanto no se apruebe su modificación"*.

Destaca, también, su art. 249. 1, que establece que *"cuando los estatutos de la sociedad no dispusieran lo contrario (...) el consejo de administración podrá designar de entre sus miembros a uno o varios consejeros delegados o comisiones ejecutivas, estableciendo el contenido, los límites y las modalidades de delegación"*.

Precepto este último que, en su núm. 3, señala que *"**cuando** un miembro del consejo de administración (...) **se** le **atribuyan funciones ejecutivas** en virtud de otro título, **será necesario que se celebre un contrato entre este y la sociedad** que deberá ser aprobado previamente por el consejo de administración con el voto favorable de las dos terceras partes de sus miembros"*.

Por último, su núm. 4 precisa que *"**en el contrato se detallarán todos los conceptos por los que pueda obtener una retribución por el desempeño de funciones ejecutivas**, incluyendo, en su caso, la eventual indemnización por cese anticipado en dichas funciones y las cantidades a abonar por la sociedad en concepto de primas de seguro o de contribución a sistemas de ahorro. El consejero no podrá percibir retribución alguna por el desempeño de funciones ejecutivas cuyas cantidades o conceptos no estén previstos en ese contrato"*.

Tales preceptos dieron de nuevo un impulso a la teoría del doble vínculo y una parte importante de la doctrina mercantil, y algunos tribunales de justicia, interpretaron que las funciones que les correspondía a los administradores en su *"condición de tales"*, en especial, en los casos de existencia de Consejo, eran exclusivamente las deliberativas, no siendo necesario que, en los casos de los consejeros ejecutivos, los estatutos previeran su retribución.

Tal interpretación fue corroborada por la Dirección General de Registros y Notariado (en adelante, DGRN), en especial, en su Resolución de 17/6/2016, que tras declarar que *"el sistema de retribución inherente al cargo debe constar siempre en los estatutos"*, precisa que *"las funciones inherentes al cargo de administrador no son siempre idénticas, sino que varían en función del modo de organizar la administración"*.

En concreto, y en el caso de que exista un Consejo de Administración, *"**las funciones inherentes al cargo de consejero se reducen a la llamada función deliberativa** (función de estrategia y control que se desarrolla como miembro deliberante del colegio de administradores)"*.

Para la DGRN, *"el sistema de retribución de esta función o actividad es lo que debe regularse en estatutos"*.

Por el contrario, prosigue, *"**la función ejecutiva** (la función de gestión ordinaria que se desarrolla individualmente mediante la delegación orgánica o en su caso contractual de facultades ejecutivas) **no es una función inherente al cargo de "consejero" como tal**. Es una función adicional que nace de una relación jurídica añadida a la que surge del nombramiento como consejero por la junta general; que nace de la relación jurídica que surge del nombramiento por el consejo de un consejero como consejero delegado, director general, gerente u otro"*.

En consecuencia, y para la DGRN, *"la retribución debida por la prestación de esta función ejecutiva no es propio que conste en los estatutos, sino en el contrato de administración que ha de suscribir el pleno del consejo con el consejero"*.

En este contexto, muchos estatutos de sociedades cuya administración se rige por un Consejo de Administración, previeron en los mismos que el cargo de administrador es gratuito sin perjuicio de la retribución que contractualmente se estableciera para el consejero ejecutivo con relación a sus funciones directivas.

Pocos se planteaban en aquel momento problemas en el ámbito tributario ya que el art. 15.e) de la Ley del IS, recientemente aprobado, establecía, como ya hemos visto, que no son liberalidad *"las retribuciones a los administradores por el desempeño de funciones de alta dirección"*.

Sin embargo, esta *"tranquilidad"*, se truncó, primero, a raíz de la Sentencia de la Sala de lo Civil del TS, en su Sentencia de 26 de febrero de 2018, al considerar que los estatutos han de prever en todo caso la retribución de los consejeros ejecutivos, y, segundo, por la reciente Resolución del Tribunal Económico Administrativo Central de 17 de julio de 2020 ([5]), que desarrolla mucho mejor otra anterior de 8 de octubre de 2019 ([6]), al considerar que la retribución a los administradores por el desempeño de funciones de alta dirección no es deducible si no está prevista en los estatutos. Su razón, lo dispuesto en el art. 15.f) de la Ley 27/2014: no son deducibles los gastos de actuaciones contrarias al ordenamiento jurídico.

A pesar de que el criterio del TS no constituye todavía jurisprudencia, estas dos últimas resoluciones administrativas representan un duro *"revés"* para las sociedades cuyos estatutos prevén la gratuidad del cargo de administrador y que la retribución por las funciones directivas del consejero ejecutivo se regula únicamente por el contrato a que el art. 249.3 de la LSC se refiere.

El objeto del presente trabajo es analizar estas últimas Resoluciones del Tribunal Económico Administrativo Central (en adelante, TEAC) y sus consecuencias.

Para ello, analizaremos, primero, la jurisprudencia del TS hasta la reforma del 2014, y, después, la interpretación de las letras e) y f) del art. 15 de la Ley 27/2014, análisis que nos obligará a tratar temas conexos, entre otros, el principio de calificación, el concepto de gastos por actuaciones contrarias al ordenamiento jurídico, o el criterio jurisprudencial del *"abuso de la formalidad"*.

2. Tratamiento tributario en el IS de la retribución por funciones directivas de los administradores con cargo gratuito hasta la reforma de 2014. Evolución jurisprudencial

2.1. Introducción

Punto de partida de este inevitable recorrido jurisprudencial es la Sentencia MAHOU, de consecuencias devastadoras, especialmente para las PYMES, ya que dejó sin solución las situaciones de hecho anteriores a la misma, y obligó a una necesaria modificación de los estatutos de las sociedades afectadas por la misma que daba solo cobertura a situaciones futuras.

No es pues de extrañar que la sentencia suscitara los lógicos temores sobre sus consecuencias tributarias.

5 Resolución TEAC 3156/2019 de 17 de julio de 2020.

6 Resolución TEAC 5548/2018 de 8 de octubre de 2019.

La única esperanza era que su ámbito de aplicación se limitaba a la Ley 61/1978, del IS, y, por tanto, que sus fundamentos no fueran de aplicación bajo la vigencia de la Ley 43/1995, del IS.

Por tal motivo, la Dirección General de Tributos (en adelante, DGT), a petición del Departamento de Inspección Financiera y Tributaria de la Agencia Estatal de la Administración Tributaria (en adelante, AEAT), emitió el informe 2009-08873, de 17 de marzo de 2009, sobre *"deducibilidad en el Impuesto sobre Sociedades de las retribuciones a los Administradores de sociedades mercantiles"*.

Dicho informe concluía afirmando que si los estatutos *"de la sociedad (...) recogen el carácter remunerado del cargo de administrador, aun cuando no se cumplan los requisitos de certeza que han establecido las Sentencias del Tribunal Supremo en cuestión, en aplicación de la Ley 61/1978 para que dicho gasto tenga la consideración de* «obligatorio» *y* «necesario», *sí que tendrán la consideración de gasto fiscalmente deducible de acuerdo con la regulación vigente del TRLIS, dado que representan un gasto contable, están registrados en los resultados de la sociedad, no representan una liberalidad y el TRLIS no establece particularidad específica alguna sobre las condiciones que deben cumplir estos gastos contables"*.

Sin embargo, dicho informe salvaba únicamente la deducción como gasto de las retribuciones de los administradores sin soslayar realmente la *"teoría del milímetro"* ([7]) ya que, como se dice en el mismo, se parte de la hipótesis de que los estatutos recogen el carácter remunerado del cargo de administrador, aunque no se cumplan plenamente los requisitos de certeza.

No obstante, y dado que la normativa aplicable en el caso MAHOU era la Ley 61/1978, se pensó en aquel momento que con dicho informe se zanjaba toda polémica al respecto.

Y tampoco les faltaba razón a quienes así lo entendían.

En efecto; la estructura de la Ley 61/1978 y de la Ley 43/1995 es diametralmente distinta.

Mientras que el punto de partida para determinar la *"renta"* gravable es en esta última el resultado contable, el que toma como referencia la Ley 61/1978 obedece a parámetros propios ajenos a la contabilidad.

Mientras que el art. 11.3 de esta última establecía que el importe de la renta se determina *"por la suma algebraica de los rendimientos y de los incrementos y disminuciones de patrimonio a que se refiere el número dos del artículo tercero de esta Ley"* o *"por la diferencia entre el valor del capital fiscal al principio y al final del periodo impositivo"*, el art. 10.3 de la Ley 43/1995, señalaba que, en el régimen de

---

7 Como Marín Benítez advierte con acierto, *"parece desprenderse del informe que queda fuera de su objeto el análisis de la deducibilidad de retribuciones a administradores que carezcan totalmente de cobertura estatutaria"*. Marín Benítez, Gloria. "Los consejeros ejecutivos en el derecho tributario: efectos fiscales de la doctrina del vínculo". *Revista de Contabilidad y Tributación,* nºs. 353 y 354. Centro de Estudios Financieros. Pág. 17.

estimación directa, la renta se calcula *"corrigiendo, mediante la aplicación de los preceptos establecidos en la presente Ley, el resultado contable determinado de acuerdo con las normas previstas en el Código de Comercio, en las demás leyes relativas a dicha determinación y en las disposiciones que se dicten en desarrollo de las citadas normas"*.

Por su parte, mientras que el art. 13 de la Ley 61/1978 señalaba que para la determinación de los rendimientos netos *"se deducirán, en su caso, de los rendimientos íntegros obtenidos por el sujeto pasivo los gastos necesarios para la obtención de aquéllos y el importe del deterioro sufrido por los bienes de que los ingresos procedan"*, la Ley 43/1995 abandona el concepto de gasto *"necesario"* y toma como referencia el de gasto *"contable"*.

Y, por último, mientras que el art. 14 f) de la Ley 61/1978, señalaba que no son deducibles *"las liberalidades, cualquiera que fuere su denominación"* excluyendo como tales *"aquellas prestaciones en las que haya contraprestación"*, el art. 14.1 e) de la Ley 43/1995, indicaba que no son gasto deducible *"las liberalidades"*, excluyendo como tales, entre otros, a los gastos que *"se hallen correlacionados con los ingresos"*.

Recordar, también, que el art. 13. ñ) de la Ley 61/1978, consideraba deducibles *"las participaciones de los administradores en los beneficios de la Entidad, siempre que sean obligatorias por precepto estatutario, o estén acordadas por el órgano competente, y no excedan del diez por ciento de los mismos"*, y que el art. 19.3 de la Ley 43/1995, señalaba que *"no serán fiscalmente deducibles los gastos que no se hayan imputado contablemente en la cuenta de pérdidas y ganancias"*.

Por tanto, dos realidades normativas totalmente distintas.

Mientras que bajo la vigencia de la Ley 61/1978 la contabilidad está ausente y lo determinante es el concepto de *"gasto necesario"*, y no el de liberalidad, bajo la vigencia de la Ley 43/1995, la retribución de los administradores es en todo caso *"gasto contable"* y lo determinante es averiguar si aquélla se puede considerar una liberalidad; cuestión que, a diferencia del criterio del TS, hay que resolver negativamente en la medida que se trata de un gasto *"correlacionado"* con los ingresos.

De ahí, precisamente, que el informe de la DGT subrayara que en la medida que son un *"gasto contable, están registrados en los resultados de la sociedad, no representan una liberalidad y el TRLIS no establece particularidad específica alguna sobre las condiciones que deben cumplir estos gastos contables"*, se trata, sin duda, de gastos deducibles.

La voluntad de la DGT no podía pues ser más clara: la retribución de los administradores es un gasto contable que no cabe calificarlo de liberalidad.

Es cierto, no obstante, que dicha afirmación parte de otra contradictoria: que los estatutos de la sociedad *"recogen el carácter remunerado del cargo de administrador"*. Afirmación, no obstante, que no parece querer decir lo que dice en la medida que, inmediatamente después, se afirma que *"el TRLIS no establece particularidad específica alguna sobre las condiciones que deben cumplir estos gastos contables"*.

Sea como fuere, el informe de la DGT pretendió sin mucho acierto *"tranquilizar"* los *ánimos*. Y muchos así lo entendieron, decidiéndose, incluso, a no modificar sus estatutos.

Y pasó lo peor.

La Agencia Estatal de la Administración Tributaria (en adelante, AEAT), y en la medida que la retribución que percibían los cargos ejecutivos y administradores carecía de previsión estatutaria, continuó regularizando su deducción como gasto, circunstancia que el TS corroboró.

El criterio aplicado por la AEAT tenía de hecho su fundamento en el propio informe de la DGT que, sin pretenderlo, confirmaba las negativas consecuencias fiscales del incumplimiento de la *"teoría del milímetro"*.

Sin embargo, y, en nuestra opinión, la Ley 43/1995 no permitía tal interpretación.

Buena prueba de ello es que para encontrar el *"recoveco"* legal que permitiera tal interpretación, se tuvo que acudir a la *"ficción"* de asimilar a liberalidad el conceto de gasto contrario al ordenamiento; ficción que, como así se ha señalado en alguno de los votos particulares que después veremos, es un verdadero despropósito.

Seguramente por ello se acudió, en ocasiones, a negar su deducción como gasto apoyándose en el principio de unidad del ordenamiento y a su condición de gasto *"ilícito"*.

Apareció, así, la denominada teoría de la estricta legalidad que sostiene que el debate no se ha de centrar en si se trata de una liberalidad, sino en el hecho de si un gasto ilícito puede ser admitido como deducible.

Quienes así lo sostenían, se olvidaban de que el art. 14 de la Ley 43/1995 no establece ninguna excepción al respecto, y que su art. 10.3 se remite al resultado contable para cuya determinación tales retribuciones son, sin duda, un gasto contable.

Atrapados en esta realidad, se forzó lo indeseable la interpretación del art. 10. 3, hasta el extremo de entender que al remitirse éste a *"las normas previstas en el Código de Comercio, en las demás leyes relativas a dicha determinación y en las disposiciones que se dicten en desarrollo de las citadas normas"*, se está haciendo referencia al ordenamiento mercantil en general.

Craso error, ya que el precepto se refiere a las normas para la determinación del resultado contable.

Tal vez por ello, el TS regresó a su antigua asimilación al concepto de liberalidad, criterio que es todavía el vigente bajo la vigencia de la ley 43/1995.

Veamos ahora las sentencias más significativas de esta evolución jurisprudencial, no sin advertir que nuestra intención no es valorar el mayor o menor acierto del TS sino dejar constancia de su evolución con la finalidad, después, de interpretar adecuadamente el actual art. 15 de la Ley 27/2014.

2.2. La jurisprudencia y su evolución

2.2.1. La retribución del administrador como gasto no necesario (o no obligatorio)

Como ya hemos dicho, las Sentencias paradigmáticas de este primer criterio son las de 13 de noviembre de 2008 (Sentencia MAHOU) cuyo Magistrado Ponente fue D. Ángel Aguallo Avilés.

Para el TS, *"a efectos fiscales, en virtud de las normas mercantiles y tributarias, la posibilidad de retribuir a los administradores de sociedades anónimas y, como consecuencia, considerar el carácter obligatorio de dichos pagos, depende en todo caso de que estos últimos estén previstos en los estatutos sociales"*.

No siendo pues cuestionable tal exigencia, *"la cuestión gira en torno a precisar cuándo puede considerarse que dicha retribución aparece efectivamente fijada y, por ende, debe considerarse obligatoria"*.

En opinión del TS, para considerar que la remuneración de los administradores *"es un gasto obligatorio (...) no basta con que los estatutos sociales hagan una mención a las mismas, sino que, además, (...) la retribución de los administradores ha de constar en los estatutos con certeza y no ser contraria a lo dispuesto en el art. 130 L.S.A."*.

En consecuencia, *"no basta con que dicho gasto (...) se haya efectivamente producido, sino que es conditio sine qua non que los estatutos de la sociedad hayan establecido su cuantía de forma determinada o perfectamente determinable (...). No cumpliendo los Estatutos (...) con el referido requisito, debe entenderse que la remuneración satisfecha (...) a sus administradores en el ejercicio 1992 no resultaba deducible"*.

En definitiva, pues, para que la retribución a los administradores sea gasto deducible en el IS no solo es necesaria su previsión estatutaria, sino que aquélla conste en los estatutos con certeza, a saber, sistema de retribución, porcentaje exacto de los beneficios (en el caso de que la retribución consista en una participación sobre los mismos), y criterios para determinar el quantum de la retribución (en el caso de que ésta consista en una cantidad fija). Esto es, estricto cumplimiento de la teoría del *"milímetro"*.

Pero el TS no se quedó ahí. Ahondó también en las consecuencias tributarias de la teoría del *"vínculo único"* y de la del *"milímetro"*.

En efecto; para el TS *"en la medida en que el (...) Consejero Delegado (...) desempeñaba únicamente las "actividades de dirección, gestión, administración y representación de la sociedad" propias de dicho cargo (...), debe entenderse que su vínculo con la entidad (...) era exclusivamente de naturaleza mercantil y no laboral. Y ello con independencia de que realizara un "plus" de dedicación, y de que (se) hubiera celebrado (...) un contrato de alta dirección, le hubiera dado de alta en la*

Seguridad Social, hubiera practicado sobre su retribución la retención prevista para los rendimientos del trabajo y, en fin, hubiera contabilizado la misma en la cuenta de "gastos de personal" y no en la específica del Consejo de Administración".

En suma, *"la relación establecida carece de eficacia y no puede ser tenida en cuenta a los efectos tributarios, pues infringe la exigencia del art. 130 L.S.A. de que la retribución de los administradores sea fijada en los estatutos"*.

En la medida en que *"no puede considerarse que los Estatutos (...) fijen con certeza la retribución de los administradores, hay que concluir que la retribución satisfecha (...) no resulta deducible de la base imponible del Impuesto sobre Sociedades"*.

En consecuencia, pues, y por aplicación de la teoría del *"vínculo único"* y de la del *"milímetro"*, la retribución a los administradores por sus funciones de alta dirección no es deducible en el IS si aquélla no está prevista con certeza en los estatutos.

De ser así, la retribución no es obligatoria y se trata, por tanto, de un *"gasto no necesario"*.

2.2.2. La retribución del administrador como liberalidad

En vigencia ya de la Ley 43/1995, el TS, en su Sentencia de 26 de septiembre de 2013 ([8]), afirma que, a diferencia de la Ley 61/1978, *"la Ley 43/1995, de 27 de diciembre de 1995, (...) no contiene norma específica relativa a la retribución de los administradores"*.

Cierto. Pero no olvidemos que la referencia que la Ley 61/1978 hacía al respecto era con relación a la retribución de los administradores consistente en una participación en los beneficios.

Sea como fuere, para el TS el punto de partida es el *"artículo 10 de la Ley, en el que, (en su apartado 3, establece que) "en el régimen de estimación directa, la base imponible se calculará corrigiendo, mediante la aplicación de los preceptos establecidos en la presente Ley, el resultado contable (...)""*; correcciones entre las que *"figura la del artículo 14.1.e) de la Ley (...), en la que se establece que no tienen la consideración de gasto deducible los 'donativos o liberalidades'"*.

En este sentido, y en la medida que los estatutos disponen *"que el «*cargo *de administrador será gratuito»"*, el TS considera que *"la concesión de una retribución al (administrador) solo puede hacerse con el carácter de liberalidad y, por tanto, no deducible"*.

Con posterioridad, en su Sentencia de 30 de octubre de 2013 ([9]), el TS reitera que *"las retribuciones de los administradores son un gasto deducible cuando cum-*

8 STS 4820/2013 de 26 de septiembre de 2013, nº recurso 4808/2011.

9 STS 5524/2013 de 30 de octubre de 2013, nº recurso 131/2012.

plen los requisitos legales exigidos para esa deducción"; requisitos, prosigue, que *"son los que se derivan de la totalidad del ordenamiento jurídico y de modo expreso de los estatutos de la entidad que efectúa la deducción"*.

En consecuencia, y en su opinión, *"las retribuciones de los administradores no pueden traicionar las reglas que rigen la vida de la entidad que retribuye, es decir, sus Estatutos"*.

Por lo tanto, *"al establecer los Estatutos la gratuidad del cargo de administrador es obligado rechazar la deducción de retribuciones que frontalmente infringen los Estatutos de la entidad pagadora"*.

Y prosigue. Tampoco *"pueden, las mencionadas retribuciones, defraudar las reglas que rigen el adecuado comportamiento de un ordenado comerciante, en los términos exigidos por el Código de Comercio (LEG 1885, 21), pues pocas cosas más contrarias a ese comportamiento ordenado que las que otorgan retribuciones del monto de las aquí contempladas a una sociedad con pérdidas"*.

Afirmar *"que como la sociedad prácticamente pertenece al administrador es irrelevante el efecto que a los resultados de la entidad producen las retribuciones de los administradores, olvida que formalmente se trata de una entidad con personalidad jurídica propia y distinta a la del administrador y que las exigencias económicas, comerciales y de lealtad debidas a la entidad que efectúa las retribuciones no se pueden identificar con las de la persona que es titular de los títulos representativos de la entidad"*.

En este sentido *"es verdad que el artículo 1.255 del Código Civil establece la libertad de pactos, pero es también evidente que tal precepto fija unos límites a estos pactos: la de no ser contrarios a la moral, el orden público y el perjuicio de tercero. Cuando estos pactos excedan de los parámetros socialmente aceptables es claro que tales pagos no pueden ser considerados como retribuciones sino como meras liberalidades, no generadoras de un gasto deducible. La determinación de cuando estos pagos exceden estos límites es un problema que ha de resolverse a la vista de las circunstancias de cada caso, primero, por la Administración, y, en* último *término, por los tribunales"*.

Es decir, concluye, *"una entidad puede retribuir a sus administradores como tenga por conveniente, pero tales percepciones, por el concepto de retribuciones, no pueden exceder de los límites socialmente admisibles so pena de convertirlas en liberalidades que impidan su deducción a la entidad que las efectúa y que obliga a que sean gravadas en el perceptor como donaciones efectuadas por un extraño"* ([10]).

10 En opinión de Pedreira Menéndez, la sentencia *"pretende dar una lección sobre lo «socialmente admisible» y la necesidad de no «defraudar las reglas que rigen el adecuado comportamiento de un ordenado comerciante», «liberalidades que impiden su deducción a la entidad que las efectúa y que obliga a que sean gravadas en el perceptor como donaciones efectuadas por un extraño»"*. Estas afirmaciones, prosigue, *"chocan frontalmente con el funcionamiento ordinario de una sociedad, ya que su razón de ser es maximizar el beneficio repartible al socio, por lo que el concepto de liberalidad, con carácter general, es ajeno a la misma"*. Pedreira Menéndez, José. "La retribución

Nótese que, para fundamentar la existencia de una liberalidad, el TS acude de hecho a criterios de estricta legalidad. Sin embargo, es obvio que la única *"puerta"* que la Ley 43/1995 permite abrir para negar la deducción como gasto de la retribución satisfecha, es la de la liberalidad.

2.2.3. La retribución del administrador como una cuestión de estricta legalidad

Como acabamos de apuntar, en el criterio del TS subyace el criterio de la estricta legalidad.

No es de extrañar, pues, que tarde o temprano este último emergiera.

Y así sucedió con la Sentencia del TS de 2 de enero de 2014 ([11]).

Las premisas del Tribunal son las siguientes:

1°.- Es evidente que el marco normativo por el que se rigen las retribuciones de los administradores de las sociedades ha variado.

2°.- La cuestión a decidir es si esa variación normativa comporta un paralelo cambio del régimen fiscal atribuible a las retribuciones de los administradores, lo que exige un análisis de ambos marcos normativos.

3°.- La lectura de la Sentencia de 13 de noviembre de 2008 pone de manifiesto que el art. 13 ñ) de la Ley 61/78 operaba de modo marginal sobre el pensamiento de la Sala, dada la naturaleza específica de las previsiones que contemplaba. La esencia del pensamiento de la Sala radicaba en el contenido en los preceptos mercantiles que regulaban esta materia en los estatutos de las Sociedades Anónimas (S.A.) y Sociedades de Responsabilidad Limitada (S.R.L.).

4°.- De este modo, el eje de la controversia no radica, como se afirma, en la contraposición entre el art. 10.3 de la Ley 43/95 y el art. 13 ñ) de la Ley 61/78, sino en la interpretación que se haya de dar al art. 10.3 de la Ley 43/95.

5°.- El precepto citado establece: "*en el régimen de estimación directa la base imponible se calculará corrigiendo, mediante la aplicación de los preceptos establecidos en la presente Ley, el resultado contable determinado de acuerdo con las normas previstas en el Código de Comercio (LEG 1885, 21, en las demás leyes relativas a dicha determinación y en las disposiciones que se dicten en desarrollo de las citadas normas*". Es, por tanto, *"palmario que el resultado contable no es extraño y ajeno al "Código de Comercio" y demás leyes relativas a su determinación sino fiel servidor de ellas"*.

6°.- De ello se infiere, sin género alguno de dudas, que la deducibilidad de las retribuciones de los administradores se rige por dichas normas, lo que comporta que la entrada en vigor de la Ley 43/95 no operase, en lo sustancial, modificación

---

de administradores y consejeros: gratuidad estatutaria del cargo e Impuesto sobre Sociedades". *Revista Contabilidad y Tributación,* n° 373, año 2014. Pág. 177.

11 STS 142/2014 de 2 de enero de 2014, n° recurso 4269/2012.

alguna en lo referente al régimen fiscal de las retribuciones de los administradores, que es la tesis de fondo que en el recurso que analizamos se sostiene.

Para el Tribunal, la cuestión *"no se centra en la "necesariedad" del gasto como a veces se pretende, sino en su "legalidad", que, ha de inferirse de las normas que rigen la materia de las retribuciones de los Administradores en los respectivos textos que las regulan. Tal legalidad hay que entenderla referida, como también hemos señalado, no solo a los Estatutos sino a los límites que de la totalidad del ordenamiento jurídico pueden inferirse a la vista de las circunstancias concurrentes"*.

Por eso, prosigue, resulta insólita *"cualquier interpretación que sostenga que en esta materia no es exigible un escrupuloso cumplimiento de la legislación mercantil"*.

En la medida que la retribución satisfecha al administrador carece de cobertura estatutaria, estamos, sin más, ante un pago contrario a los estatutos y, por tanto, contrario al ordenamiento mercantil. En consecuencia, dicha retribución no es deducible sin necesidad de apreciar si está o no correlacionada con los ingresos.

2.2.4. La retribución del administrador una vez más como liberalidad

Tal vez por ese difícil encaje que decimos, el TS, en su Sentencia del 5 de febrero de 2015 ([12]) regresa, de nuevo, al criterio de la *"liberalidad"*.

En efecto; tras un repaso a la jurisprudencia del propio Tribunal bajo la vigencia de la Ley 43/1995, concluye afirmando que *"no existe inconveniente en calificar de liberalidad no deducible, la retribución reconocida al administrador cuando los Estatutos de la sociedad establecen el carácter gratuito del cargo, por lo que resulta congruente la aplicación del mismo criterio al supuesto de concesión de retribución por encima del límite fijado en aquellos"*.

Pero si algo hay que destacar de esta sentencia es el Voto Particular emitido por el Magistrado D. José Antonio Montero Fernández.

En su opinión, *"lo primero que llama la atención es que pueda calificarse como liberalidad la retribución de un Administrador, o en este caso, de un Consejero Delegado, esté o no prevista en los Estatutos sociales"*.

Una liberalidad, prosigue, *"es lo que es, y como no puede ser de otra forma, solo cabe entender como liberalidad la disposición hecha a título gratuito a favor de otra persona, o desde una perspectiva negativa, será toda disposición en la que no exista causa onerosa, y desde luego por su propio carácter y naturaleza una retribución por unos servicios prestados siempre responde a una causa onerosa, a una contraprestación"*.

Resulta innegable, señala, *"que cualquier cantidad satisfecha por la sociedad a sus administradores en atención a los servicios prestados, es un gasto realizado para*

12 STS 487/2015 de 5 de febrero de 2015, nº recurso 2448/2013.

la obtención de unos ingresos". Lo que resulta insostenible *"es que pueda considerarse como disposición a título gratuito",* esto es, *"como liberalidad a decir de la sentencia que representa el parecer mayoritario".*

Pero es que *"la propia Ley excepciona a la consideración de liberalidad como gasto no deducible, la liberalidad que esté correlacionada con los ingresos, ahora sí como gasto deducible".*

En consecuencia, se reducen *"los límites entre los que reconocer conceptualmente en el Impuesto sobre Sociedades una liberalidad que no sea gasto deducible, pues como se ha indicado no es concebible disposición alguna de una sociedad en la que no se busque obtener ventaja o beneficio".*

Es más, prosigue, *"el propio texto legal sugiere una interpretación sumamente restrictiva a los efectos que estamos contemplando, en tanto que el precepto utiliza la expresión «los donativos y liberalidades»".* Parece, pues, *"que lo que se quiere excluir legalmente es la pura liberalidad".*

Sin embargo, *"las interpretaciones que se han realizado de dicho concepto en sede del Impuesto sobre Sociedades distan mucho de asemejarse a lo que es el significado jurídico común de dicho término".*

Pues bien; *"lo que se hace en el parecer mayoritario reflejado en la Sentencia de la que discrepo, es desentenderse de la significación jurídica propia y común del concepto liberalidad".*

Resulta *"incuestionable, desde mi punto de vista, que en la retribución de un Consejero Delegado no existe una disposición a título gratuito; y lo que se hace es otorgar al término liberalidad en el Impuesto sobre Sociedades una configuración extraña a su sentido jurídico, equiparando liberalidad con la disposición realizada voluntariamente por no existir obligación jurídica al efecto, por no venir contemplada en este caso en los Estatutos, como no hay obligación jurídica de retribuir estamos ante una liberalidad".*

En opinión del Magistrado, *"es una obviedad que no requiere más explicación".* Nada *"puede haber más alejado al concepto jurídico común de liberalidad que las retribuciones a un administrador de una sociedad, esté o no previsto en los Estatutos".*

Si acudimos, prosigue, *"a la delimitación conceptual de gastos deducibles contempladas en la regulación del Impuesto sobre Sociedades, son partidas deducibles en la determinación de la base imponible, las que tengan tal condición en el resultado contable de acuerdo con las normas previstas en el Código de Comercio, con las demás leyes relativas a dicha determinación y con las disposiciones que se dicten en desarrollo de las citadas normas, sin embargo, conforme al art° 14 de la Ley del Impuesto, las partidas reflejadas en el citado artículo no son deducibles a efectos del Impuesto sobre Sociedades. La clave se concentra, por tanto, en el resultado contable, se abandonan los intentos de aunar el gasto deducible a los gastos obligatorios, necesarios, convenientes o liberalidades sobre el que giraban los intentos doctrinales y jurisprudenciales para delimitar el concepto de gasto deducible en el Impuesto sobre Sociedades".*

La Sentencia del Tribunal Supremo de 2 de enero de 2014, significa, en opinión del Magistrado, *"un esfuerzo tendente a aclarar definitivamente la cuestión, desde la perspectiva jurisprudencial".*

La conclusión *"es categórica"*. La *"retribución de los administradores como gasto deducible en el Impuesto sobre Sociedades es una cuestión de estricta legalidad, su examen es un examen de legalidad, de sus Estatutos y del ordenamiento jurídico aplicable a la materia, siguiendo una línea jurisprudencial ya consolidada. Conforme al art° 10.3, "en el método de estimación directa, la base imponible se calculará, corrigiendo, mediante la aplicación de los preceptos establecidos en esta ley, el resultado contable determinado de acuerdo con las normas previstas en el Código de Comercio, en las demás leyes relativas a dicha determinación y en las disposiciones que se dicten en desarrollo de las citadas normas", por lo que si las retribuciones que perciben los administradores no se ajustan a las normas mercantiles y demás aplicables del ordenamiento jurídico, no puede calificarse como gasto contable, por lo que huelga toda consideración como gasto fiscalmente deducible".*

Por tanto, *"con el examen de legalidad queda, desde la perspectiva jurisprudencial, definitivamente cerrada la cuestión sobre su consideración fiscal".*

Y concluye: *"al ser una cuestión de estricta legalidad, si no se prevé estatutariamente, toda retribución que perciban los administradores quedará extramuros de la legalidad. Por todo ello, si bien comparto el resultado al que se llegó mayoritariamente, discrepo en que vuelva a calificarse la retribución de un Consejero Delegado no prevista estatutariamente o en cuanto al exceso de los límites fijados estatutariamente, como liberalidad; sin que esta cuestión, por las razones explicadas me parezca una cuestión menor".*

Sorprende, eso sí, que el Magistrado omita en su voto particular una importante cuestión afirmada por él mismo en otro lugar ([13]): *"el hecho de que no se prevea estatutariamente o que incumpla el resto de requisitos exigidos legalmente por normas no fiscales, tendrá consecuencias mercantiles, estaremos ante un ilícito que producirá sus efectos en la esfera societaria de la entidad, pero sin trascendencia en el orden fiscal. Es más, la previsión legal estatutaria ha sido interpretada por la jurisprudencia como medida de salvaguarda para los socios minoritarios por los posibles abusos de los socios mayoritarios con predominio en la Junta General y atribuyéndose los puestos directivos con elevadas retribuciones, y para salvaguarda de los propios administradores, y existe jurisprudencia que incluso en la* órbita *mercantil ha reconocido el derecho de los administradores a percibir retribuciones no solo sin existir previsión estatutaria al efecto, sino incluso cuando no ha sido acordada propiamente por la Junta General, sin que desde el punto de vista mercantil parezca*

13 Montero Fernández, José Antonio. "El concepto de gasto deducible y de liberalidad en el Impuesto sobre Sociedades. Consecuencias fiscales y extrafiscales de la calificación como liberalidad de determinados conceptos de gasto". *X Congreso Tributario – La Justicia ¿Garantía del Estado de Derecho?* Ediciones Foro Jurídico, Consejo General del Poder Judicial y AEDAF (Asociación Española de Asesores Fiscales), Valencia, enero 2015.

que exista especial dificultad para otorgarle validez a aquellas retribuciones aprobadas en Junta universal y por unanimidad o si la Junta aprueba una retribución superior y el acuerdo se adopta con iguales requisitos que para reformar los Estatutos".

Con todo, concluye, *"los abusos mercantiles entre los miembros de la sociedad resulta extraño al* ámbito *tributario; lo que a este interesa es evitar los abusos y con ellos las posibles elusiones fiscales, para ello no resulta necesario negar una realidad que considero incontrovertible, la existencia del gasto, sino emplear los mecanismos que la legislación tributaria pone en aras de evitarlos, que en este caso se traduce en la aplicación de la normativa sobre operaciones vinculadas –prescindo de la polémica de si la regulación de las operaciones vinculadas representan o no medidas antielusorias–".*

Sea como fuere, el fundamento que subyace en el voto particular que hemos comentado parte de la premisa de que el art. 10.3 excluye como gasto el gasto contrario al ordenamiento, premisa que no compartimos.

2.2.5. La retribución del administrador: síntesis de la jurisprudencia

Con posterioridad, el TS, en su Sentencia de 28 de octubre de 2015 ([14]), analiza la evolución de su jurisprudencia con relación a sus dos criterios fundamentales, liberalidad y cuestión de estricta legalidad, aunque con resultado idéntico a efectos prácticos: la no deducibilidad de las retribuciones.

En este sentido analiza, primero, las Sentencias de 17 de octubre de 2006 ([15]), 22 de diciembre de 2011 ([16]), 21 de febrero 2013 ([17]), 26 de septiembre de 2013, 30 de octubre de 2013, y de 5 de febrero de 2015, relativas, todas ellas, al criterio de liberalidad, y, segundo, la Sentencia de 2 de enero de 2014, en la que se mantiene, con matices, el criterio de la estricta legalidad.

Sin embargo, el TS, y en aplicación del principio de unidad de doctrina, desestima el recurso sin pronunciarse expresamente si el motivo para ello es la calificación de las retribuciones como liberalidad o una cuestión de estricta legalidad.

Sea como fuere, tampoco parece que para el TS sea ésta una cuestión relevante ya que en la remisión que se hace a la Sentencia de 2 de enero de 2014, y en la que se sostiene el criterio de estricta legalidad, se señala que *"en todo caso, ya se ha expuesto con anterioridad que **no existe inconveniente en calificar de liberalidad no deducible,** la retribución reconocida al administrador cuando los Estatutos de la sociedad establecen el carácter gratuito del cargo".*

---

14 STS 2547/2013 de 28 de octubre de 2015, nº recurso 2547/2013.

15 STS 3846/2001 de 17 de octubre de 2006, nº recurso 3846/2001.

16 STS 9267/2011 de 22 de diciembre de 2011, nº recurso 6688/2009.

17 STS 945/2013 de 21 de febrero de 2013, nº recurso 1978/2010.

Parece, pues, que el criterio para desestimar el recurso es, de nuevo, el de la liberalidad.

De ahí, precisamente, el Voto Particular que vuelve a plantear el Magistrado D. José Antonio Montero Fernández en idénticos términos a los recogidos en los Votos Particulares dictados en las Sentencias de 5 de febrero de 2015.

2.2.6. A modo de brevísima conclusión

Aunque el criterio jurisprudencial mayoritario es el de calificar las retribuciones como una liberalidad, no hay que obviar que éste se sustenta de hecho en la denominada cuestión de *"estricta legalidad"*.

Criterio, este último, que se construye en base a la interpretación que del art. 10.3 se hace al señalar que *"en el método de estimación directa, la base imponible se calculará, corrigiendo, mediante la aplicación de los preceptos establecidos en esta Ley, el resultado contable determinado de acuerdo con las normas previstas en el Código de Comercio, en las demás leyes relativas a dicha determinación y en las disposiciones que se dicten en desarrollo de las citadas normas"*.

Pero nótese, como ya hemos apuntado, que la remisión que el precepto hace a las *"normas"*, se refiere a las previstas para la determinación del resultado contable.

Extender su aplicación más allá de ese ámbito concreto, en general, al ordenamiento mercantil en su totalidad, carece en nuestra opinión de cobertura legal.

En este contexto, y en la medida que la retribución a los administradores es gasto contable en la determinación del resultado contable, la única forma de excluir su deducción fiscal es a través de las *"correcciones"* al mismo previstas en la Ley del impuesto, en concreto, asimilándola al concepto de liberalidad; asimilación, por su parte, que, como ya hemos visto, plantea también serias dudas en cuanto a su adecuado encaje conceptual.

De hecho, la tesis de la estricta legalidad exige aceptar que todo gasto contrario al ordenamiento tributario no es gasto contable, afirmación que, en nuestra opinión, no es acertada.

Sea como fuere, y en lo que al criterio del TS se refiere, hay que distinguir dos etapas bien diferenciadas.

Una primera, bajo la vigencia de la Ley 61/1978, en la que la cuestión se ha centrado en el concepto de gasto necesario, como gasto deducible, concepto que, con carácter general, se vincula a un cierto carácter de obligatoriedad por parte de la empresa.

En este contexto, y en la medida que la retribución a los administradores carece de cobertura estatutaria, ésta no es obligatoria y, por ende, el gasto no es necesario. No obligatoriedad, por su parte, que deviene del incumplimiento del ordenamiento mercantil.

Y una segunda etapa, bajo la vigencia de la Ley 43/1995, en la que la cuestión se ha centrado en asimilar tales retribuciones a una mera liberalidad en la medida, también, que contravienen los estatutos de la compañía; contravención que ha abierto el debate sobre si estamos ante una liberalidad, o ante una cuestión de estricta legalidad. Es decir, ante una *"corrección"* al resultado contable, o ante la imposibilidad, sin más, de admitir como gasto aquel que procede de una actuación contraria al ordenamiento; debate que, hasta hoy, se ha resuelto en favor de la liberalidad.

Y en este contexto, se aprueba la reforma de 2014.

CAPITULO 2

LA RETRIBUCIÓN DE LOS ADMINISTRADORES COMO GASTO CONTABLE Y EL PRINCIPIO DE CALIFICACIÓN

1. Breve introducción

La reforma de 2014, de cuyo contenido nos ocuparemos más adelante, trajo consigo la esperanza de que con ella se ponía punto final a tan larga controversia.

No en vano, recordémoslo, el art. 15.e) de la Ley 27/2014, del IS, establece que no son liberalidades *"las retribuciones a los administradores por el desempeño de funciones de alta dirección"*.

Parecía pues lógico pensar que con tal exclusión se cierra el paso a calificar como liberalidad las controvertidas retribuciones.

No olvidemos que éste era ya el criterio de la DGT en su informe de 17 de marzo de 2009.

No obstante, la redacción de la letra f) del citado artículo ha propiciado los lógicos temores sobre que, en realidad, nada, o muy poco, haya cambiado. Temores que hay que asociar al criterio jurisprudencial sobre la deducibilidad de los gastos contrarios al ordenamiento jurídico que, como hemos visto, ha estado latente en toda la evolución jurisprudencial con relación a la retribución de los administradores.

Dicha letra, recordémoslo, establece que no son gasto fiscalmente deducible *"los gastos de actuaciones contrarias al ordenamiento jurídico"*.

Sin embargo, y antes de abordar esta última cuestión, conviene centrarnos en la retribución de los administradores, como gasto contable, y en el principio de calificación recogido en el art. 13 de la Ley General Tributaria (en adelante, LGT).

2. La retribución de los administradores como gasto contable

Igual que en la Ley 43/1995, el art. 10.3 de la Ley 27/2014, establece que, *"en el método de estimación directa, la base imponible se calculará, corrigiendo, mediante la aplicación de los preceptos establecidos en esta Ley, el resultado contable determinado de acuerdo con las normas previstas en el Código de Comercio, en las demás leyes relativas a dicha determinación y en las disposiciones que se dicten en desarrollo de las citadas normas"*.

Insistir, de nuevo, que de la lectura literal del precepto, es obvio que las normas a las que el mismo se refiere son las relativas a la determinación del resultado contable.

No en vano, el precepto afirma inequívocamente que el resultado contable se determina de acuerdo con las normas previstas en el Código de Comercio, en las demás leyes relativas a dicha determinación y en las disposiciones que se dicten en desarrollo de las citadas normas.

Recordemos, por su parte, que el hecho imponible en el IS, como manifestación concreta de riqueza gravada por el impuesto, consiste en la obtención de renta por parte del contribuyente (art. 4.1).

Como corolario de lo anterior, la base imponible del mismo está constituida por el importe de la renta obtenida en el período impositivo minorada por la compensación de bases imponibles negativas de períodos impositivos anteriores (art. 10.1).

Y la base imponible del impuesto es, como ya hemos dicho, el resultado contable *"corregido"* mediante la aplicación de los preceptos establecidos en la ley.

Si el punto de partida para determinar el *"quantum"* de la capacidad económica que el legislador ha decidido gravar, es el resultado contable, es necesario concretar si las retribuciones a las que nos referimos son gasto contable.

Para ello, resulta inevitable remitirse a las normas que disciplinan su determinación, en concreto, el Código de Comercio (en adelante, CCo).

En este sentido, su art. 34 establece que *"en la contabilización de las operaciones se atenderá a su realidad económica y no solo a su forma jurídica"*, criterio que recoge el principio de prevalencia del fondo sobre la forma que, como la doctrina ha reconocido, no significa en modo alguno resucitar la conocida como interpretación económica.

Por su parte, el art. 36.2 del CCo, establece que los elementos de la cuenta de pérdidas y ganancias y del estado que refleje los cambios en el patrimonio neto del ejercicio son:

a) Ingresos: incrementos en el patrimonio neto durante el ejercicio, ya sea en forma de entradas o aumentos en el valor de los activos, o de disminución de los pasivos, siempre que no tengan su origen en aportaciones de los socios o propietarios.

b) Gastos: decrementos en el patrimonio neto durante el ejercicio, ya sea en forma de salidas o disminuciones en el valor de los activos, o de reconocimiento o aumento de los pasivos, siempre que no tengan su origen en distribuciones a los socios o propietarios.

Si los gastos son *"decrementos en el patrimonio neto durante el ejercicio"*, es obvio que la retribución satisfecha a los administradores es un gasto contable con independencia de que aquélla esté o no prevista en los estatutos.

En definitiva, y como se recoge en el voto particular a la Sentencia del TS de 5 de febrero de 2015, resulta innegable *"que cualquier cantidad satisfecha por la sociedad a sus administradores en atención a los servicios prestados, es un gasto realizado para la obtención de unos ingresos"*.

Por su parte, hay que recordar que el art. 11 de la Ley 27/2014, establece en su núm. 1 que *"los ingresos y gastos derivados de las transacciones o hechos económicos se imputarán al período impositivo en que se produzca su devengo, con arreglo a la normativa contable, con independencia de la fecha de su pago o de su cobro, respetando la debida correlación entre unos y otros"*, y, en su número 3.1ª, que *"no serán fiscalmente deducibles los gastos que no se hayan imputado contablemente en la cuenta de pérdidas y ganancias o en una cuenta de reservas si así lo establece una norma legal o reglamentaria, a excepción de lo previsto en esta Ley respecto de los elementos patrimoniales que puedan amortizarse libremente o de forma acelerada"*.

De lo anterior se infiere a su vez que la retribución a los administradores es un gasto contable, fiscalmente deducible, siempre que ésta cumpla con los requisitos de inscripción e imputación contable y la normativa del impuesto no prevea ninguna corrección fiscal.

Este es, también, el criterio que la DGT ha mantenido en muy diversas Resoluciones.

Así, por ejemplo, y por citar tan solo una, en su Resolución V1417-19, de 12 de junio de 2019, señala que *"los pagos realizados al socio por los servicios prestados a la sociedad (...) serán fiscalmente deducibles siempre que cumplan los requisitos en términos de inscripción contable, devengo, correlación de ingresos y gastos y justificación documental"*, en la medida *"que no tengan la consideración de gastos fiscalmente no deducibles conforme a lo establecido en el artículo 15 de la LIS"*.

Por su parte, el Instituto de Contabilidad y Auditoría de Cuentas (en adelante, ICAC) ha tenido también oportunidad de pronunciarse al respecto en varias ocasiones. Es cierto, eso sí, que siendo claras sus conclusiones, su punto de partida no permite siempre contextualizarlas adecuadamente.

Así, por ejemplo, en su Consulta 1, publicada en el BOICAC núm. 21, de 2 de noviembre de 1995, se consulta sobre la retribución de los administradores de una sociedad.

En su respuesta, el ICAC se remite al art. 130 del Texto Refundido de la Ley de Sociedades Anónimas, que establece que *"la retribución de los administradores deberá ser fijada en los estatutos"*, y al art. 66 de la Ley 2/1995, de 23 de marzo, de Sociedades de Responsabilidad Limitada, relativo a la retribución de administradores consistente en una participación en los beneficios.

Inmediatamente después afirma que, desde el punto de vista económico, *"la retribución de los administradores de una sociedad es un gasto más necesario para poder obtener los ingresos correspondientes de la misma"*.

De acuerdo con lo anterior, prosigue, *"la cuenta de pérdidas y ganancias al recoger todos los ingresos de una sociedad y los gastos en que ha incurrido para su obtención deberá incluir necesariamente la retribución correspondiente a los administradores al ser ésta, como se ha dicho anteriormente, un gasto más de la empresa"*.

Por su parte, en la Consulta 1, publicada en el BOICAC núm. 3, de diciembre de 1990, se pregunta sobre la interpretación de la disposición duodécima del art. 200 del Texto Refundido de la Ley de Sociedades Anónimas, de 27 de diciembre de 1989, en relación a si, además de las retribuciones devengadas exclusivamente en calidad de administradores, debe o no incluirse información sobre aquellas otras retribuciones que pudieran percibir por ocupar en la empresa cargos distintos a los de miembros del órgano de administración.

En opinión del ICAC *"el citado apartado duodécimo señala expresamente (...) el importe de los sueldos, dietas y remuneraciones de cualquier clase devengados en el curso del ejercicio por los miembros del órgano de administración, cualquiera que sea su causa, así como de las obligaciones contraídas en materia de pensiones o de pago de primas de seguros de vida respecto a los miembros antiguos y actuales del órgano de administración. Estas informaciones se darán de forma global por concepto retributivo"*.

Para una interpretación correcta de este apartado, prosigue, *"es necesario analizar la génesis del mismo. En este sentido se observa que su redacción inicial, que limitaba claramente el contenido de la información a las retribuciones obtenidas por los miembros del órgano de administración en su calidad de administradores al expresar literalmente "en razón de sus funciones", fue posteriormente modificada suprimiendo la mencionada frase y añadiendo "cualquiera que sea su causa", modificación que ha permanecido en el texto finalmente aprobado"*.

El Instituto entiende *"que la modificación introducida ha tenido por objeto evitar que se pueda hurtar al usuario de las cuentas anuales la información sobre percepciones de administradores querida por el legislador, haciendo una división artificial de éstas mediante la asignación de otros cargos distintos al de miembro del órgano de administración"*.

Por consiguiente, concluye, *"hay que interpretar que la información que se solicita se extiende a todas las percepciones económicas que reciban de la empresa los administradores, cualquiera que sea su motivo, de tal forma que deberían de incluirse además de las dietas, sueldos o remuneraciones que perciban en calidad de administradores, todas aquellas otras que tengan su origen en el desempeño de otros cargos o puestos de trabajo en la empresa o incluso en la prestación de servicios externos a la misma. La Ley señala, además, que dicha información, deberá darse de forma global por concepto retributivo. Entendemos que en los supuestos en que los administradores perciban remuneraciones por razones distintas al ejercicio de tal función, deberá proporcionarse información separada, aunque con carácter global, lo cual hará posible interpretar adecuadamente la mencionada información".*

Por último, la Resolución de 5 de marzo de 2019, del ICAC, por la que se desarrollan los criterios de presentación de los instrumentos financieros y otros aspectos contables relacionados con la regulación mercantil de las sociedades de capital (BOE de 11 de marzo de 2019), recoge en su Capítulo V un precepto en concreto relativo a la retribución de los administradores.

Se trata del art. 27 que, literalmente, señala lo siguiente: *"cuando la remuneración de los administradores se vincule a los beneficios de la sociedad, en cumplimiento del sistema de retribución establecido en los estatutos, la remuneración se contabilizará como un gasto en la cuenta de pérdidas y ganancias del ejercicio en que se haya obtenido el citado beneficio".*

El precepto prosigue señalando que *"si la junta general determina un porcentaje diferente al inicialmente contabilizado, dentro del máximo establecido en los estatutos sociales, el posterior ajuste se reconocerá en la fecha de celebración de la junta general como un cambio de estimación contable".*

Concreta por último que *"los planes de remuneración a los administradores basados en acciones u opciones sobre acciones, o retribuciones referenciadas al valor de las acciones de la sociedad se contabilizarán siguiendo los criterios establecidos en la norma de registro y valoración sobre pagos basados en instrumentos de patrimonio del Plan General de Contabilidad".*

Conviene señalar al respecto que el proyecto de Resolución del ICAC por el que se aprueban los criterios de presentación de los instrumentos financieros y otros aspectos contables relacionados con la regulación mercantil de las sociedades de capital, publicado el 11 de abril de 2018, señalaba en su art. 26.3 que *"la remuneración de los administradores personas físicas que desarrollen una tarea ejecutiva en la sociedad con una vinculación análoga a los trabajadores por cuenta ajena en relación de dependencia con la sociedad, se contabilizará como un gasto de personal. La remuneración satisfecha a los restantes administradores se contabilizará en la partida servicios exteriores"*; referencia, ésta, que finalmente no se incluyó en el texto definitivo.

Sea como fuere, es innegable que la retribución de los administradores es un gasto contable.

En consecuencia, y dado que la base imponible en el IS se calcula, corrigiendo el resultado contable mediante la aplicación de los preceptos recogidos en la normativa del impuesto, lo determinante a efectos fiscales es averiguar si existe algún precepto que *"corrija"* su calificación contable, circunstancia que nos sitúa en la órbita del art. 15 de la Ley 27/2014.

Sea como fuere, la falta de previsión estatutaria con relación a la retribución de los administradores no evita su calificación como gasto contable.

Superado el art. 10.3 de la LIS, nuestra atención se ha de centrar pues en el análisis de su art. 15, cuestión de la que nos ocuparemos en el siguiente capítulo.

Antes conviene detenernos en una cuestión previa y de vital importancia: el principio de calificación.

3. La retribución del administrador con cargo gratuito como una liberalidad: un planteamiento inadecuado antes y después de la reforma de 2014. El principio de calificación

No pretendemos analizar el contrasentido que significa calificar como liberalidad la retribución del administrador.

Pretendemos, tan solo, poner de manifiesto el grave error que la jurisprudencia, y la Administración Tributaria, incluidos los Tribunales Económico-Administrativos, ha cometido al obviar la aplicación de un principio básico en derecho tributario, cual es el principio de calificación, y, en concreto, el de la irrelevancia de los defectos que afectan a la validez de los negocios y/o actos.

En efecto; el art. 13 de la LGT, establece que *"las obligaciones tributarias se exigirán con arreglo a la naturaleza jurídica del hecho, acto o negocio realizado, cualquiera que sea la forma o denominación que los interesados le hubieran dado, y* ***prescindiendo de los defectos que pudieran afectar a su validez****"*.

Este último inciso recoge el denominado principio de irrelevancia fiscal de los defectos que afectan a la validez de los actos y/o negocios ([18]); principio que significa que las obligaciones tributarias se exigen de acuerdo con la naturaleza jurídica del acto o negocio realizado sin perjuicio de los defectos que afecten a su validez, y, por tanto, a su ilicitud.

Dicho principio, es una consecuencia del principio general y vertebrador del sistema tributario, cual es el de capacidad económica, que obliga a gravar la riqueza allí donde ésta existe.

Precisamente por ello, y en opinión de Marín Benítez, el principio de irrelevancia fiscal del vicio de invalidez *"es la tesis más coherente con el propio sistema tributario, en cuanto este se vertebra alrededor de un principio propio (el de capacidad económica) que obliga a contribuir al sostenimiento de los gastos públicos en función de la capacidad económica de cada cual"* ([19]).

---

18 También conocido como la *"regla de la irrelevancia de la ilicitud"*, o el *"principio de abstracción de la ilicitud", el "principio de marginación de la invalidez", "principio de indiferencia tributaria en relación a la validez o invalidez de los negocios jurídico-privados"*, o el *"principio de preterición de los vicios de invalidez"*.

19 Marín Benítez, Gloria. *"Los consejeros ejecutivos en el..."*. Ob. Cit. Pág. 23.

En este sentido, prosigue, *"la deducibilidad de los gastos reales incurridos por un sujeto pasivo del Impuesto sobre Sociedades no constituye ninguna ventaja para la sociedad pagadora (...), sino una exigencia de la justicia tributaria para adecuar la contribución a los gastos públicos de ese sujeto pasivo a su verdadera capacidad contributiva"* ([20]).

Desde esta perspectiva, *"las sociedades que entienden que las funciones ejecutivas de sus consejeros ejecutivos no son "cometidos inherentes al cargo de consejero" y que, por ello, las regulan en un contrato de servicios (laboral o mercantil), ven realmente reducida su capacidad económica como consecuencia de la remuneración pagada a esos consejeros y deberían contribuir al sostenimiento de los gastos públicos en atención a esa capacidad económica mermada"* ([21]).

A mayor abundamiento, *"si bien es cierto que el principio de capacidad contributiva puede verse exceptuado en atención a consideraciones extrafiscales, pensamos que con carácter general no puede atribuirse al Derecho tributario una finalidad extrafiscal sancionadora, que es lo que sucedería si el régimen tributario de las diferentes figuras impositivas se constituyera en una forma de sancionar los actos ilícitos, y si fuera el orden contencioso-administrativo el que debiera pronunciarse, siquiera para deducir las correspondientes consecuencias fiscales, sobre la contrariedad o conformidad a Derecho de cuestiones que pueden ser muy controvertidas y muy ajenas a su competencia"* ([22]).

Quien quizás ha tratado el tema con mayor profundidad es el profesor Falcón y Tella para quien el *"carácter fáctico del hecho imponible conlleva también que el contrato despliegue sus efectos tributarios por el mero hecho de haberse celebrado, aunque adolezca de vicios que puedan afectar a su validez"* ([23]).

En su opinión, el art. 13 de la LGT ordena prescindir no solo de las denominaciones dadas por los interesados a los hechos, actos o negocios realizados, sino también *"de los defectos que pudieran afectar a su validez"* ([24]).

Desde esta perspectiva, prosigue, *"no puede negarse la deducción de un gasto en el Impuesto sobre Sociedades (...) por el mero hecho de que el correspondiente contrato adolezca de vicios, ni siquiera en el caso de que dichos vicios conlleven la nulidad"* ([25]).

---

20 Marín Benítez, Gloria. *"Los consejeros ejecutivos en el..."*. Ob. Cit. Págs. 23 y 24.

21 Marín Benítez, Gloria. *"Los consejeros ejecutivos en el..."*. Ob. Cit. Pág. 24.

22 Marín Benítez, Gloria. *"Los consejeros ejecutivos en el..."*. Ob. Cit. Pág. 24.

23 Falcón y Tella, Ramón. "La abstracción tributaria de la causa y sus consecuencias en la calificación de los negocios", en *VII Jornada Metodológica de Derecho Financiero y Tributario,* Jaime García Añoveros. *Interpretación Del Derecho Financiero Y Tributario. La asignatura de Derecho Financiero y Tributario en los Nuevos Planes de Estudio.* Instituto de Estudios Fiscales. Doc. nº 12/2011. Pág. 173.

24 Falcón y Tella, Ramón. *"La abstracción tributaria de la causa y sus...*. Ob. Cit. Pág. 174.

25 Falcón y Tella, Ramón. *"La abstracción tributaria de la causa y sus...*. Ob. Cit. Pág. 174.

Cuestión distinta es que, *"si la persona legitimada para ello insta y obtiene la anulación o rescisión, tales circunstancias produzcan también efectos tributarios"* ([26]).

Pero los vicios o defectos del contrato, *"aunque afecten a la validez, no pueden tenerse en cuenta por la inspección (...), ni por tanto tampoco por los Tribunales Económico-Administrativos cuando revisan las liquidaciones tributarias, ni por las salas de lo contencioso-administrativo cuando revisan los acuerdos de los anteriores"* ([27]).

No se trata pues solo *"de que los actos de la Inspección no pueden tener consecuencias en el orden civil, mercantil, laboral o administrativo"*, sino también *"que la Inspección no puede tampoco tener en cuenta los vicios o defectos del negocio, aunque afecten a su validez, ni siquiera a efectos exclusivamente tributarios, pues ello iría en contra del principio de abstracción que sienta el artículo 13 de la vigente Ley General Tributaria"* ([28]).

En este sentido, apunta, *"rige en el ordenamiento tributario no solo una presunción iuris tantum de existencia y licitud de la causa (abstracción tributaria de la causa), sino también una presunción iuris et de iure de validez de los negocios celebrados, que solo puede romperse a instancias de las personas legitimadas para impugnar el acto, negocio o contrato de que se trate, y por el órgano competente para resolver tal impugnación"* ([29]).

Es decir, *"los vicios o defectos del negocio no pueden tenerse en cuenta para liquidar el tributo, si no están declarados en la vía civil, laboral o administrativa que corresponda, incluso aunque su concurrencia sea probada por la Administración tributaria"* ([30]).

Siendo así, resulta llamativo que el art. 13 de la LGT *"no aparezca en prácticamente ninguna resolución o sentencia, y que, al contrario, a menudo las liquidaciones tributarias se basen en vicios o defectos de los negocios, incluso meramente formales, para recalificar las operaciones realizadas, alegando que no existe "causa", concepto que en nuestra práctica administrativa se ha convertido en un cajón de sastre que permite recalificar libremente los negocios a voluntad del actuario (que además, dicho sea de paso, a menudo es licenciado en económicas, arquitecto, ingeniero o farmacéutico), con la consiguiente inseguridad que ello genera"* ([31]).

No se trata *"solo de que las calificaciones realizadas por la Agencia Tributaria no pueden tener efectos fuera del ámbito tributario, sino también y sobre todo de evitar que la Inspección pueda recalificar a efectos tributarios operaciones que se han realizado, y que han desplegado sus efectos, aunque adolezcan de algún defecto o vicio que pueda afectar a su validez"* ([32]).

---

26 Falcón y Tella, Ramón. *"La abstracción tributaria de la causa y sus...*. Ob. Cit. Pág. 174.

27 Falcón y Tella, Ramón. *"La abstracción tributaria de la causa y sus...*. Ob. Cit. Pág. 174.

28 Falcón y Tella, Ramón. *"La abstracción tributaria de la causa y sus...*. Ob. Cit. Pág. 174.

29 Falcón y Tella, Ramón. *"La abstracción tributaria de la causa y sus...*. Ob. Cit. Pág. 174.

30 Falcón y Tella, Ramón. *"La abstracción tributaria de la causa y sus...*. Ob. Cit. Pág. 174.

31 Falcón y Tella, Ramón. *"La abstracción tributaria de la causa y sus...*. Ob. Cit. Pág. 174.

32 Falcón y Tella, Ramón. *"La abstracción tributaria de la causa y sus...*. Ob. Cit. Pág. 175.

Lo anterior, como Falcón y Tella apunta con acierto, *"también vale para las remuneraciones de los administradores, aunque no aparezcan fijadas en los estatutos sociales con el detalle y la concreción exigibles (...). Tales remuneraciones podrán ser atacadas en vía civil, o ante la jurisdicción social según los casos, pero mientras no se anulen ha de aceptarse la realidad de las mismas y su carácter de gasto deducible"* ([33]).

Y prosigue. *"Carece totalmente de sentido que la sociedad las haya pagado, por considerarse obligada a ello, con la consiguiente minoración del beneficio repartible, que dicho pago no se haya anulado ni en la vía civil ni en la social, pues ningún accionista los ha impugnado, y que sin embargo tales pagos no puedan deducirse fiscalmente porque la inspección y la jurisdicción contencioso-administrativa han entendido que no eran admisibles desde el punto de vista jurídico-privado"* ([34]).

En idéntico sentido, García Gómez señala que *"conforme dispone el artículo 13 de la Ley General Tributaria, lo determinante es atender a la verdadera naturaleza del hecho imponible (...) prescindiendo de los defectos que pudiera afectar a su validez"* ([35]).

Ello implica, *"que, en principio, a los efectos fiscales la retribución debería considerarse un gasto de la entidad y una renta del trabajo para el administrador, al margen de que si finalmente se anula o se invalida por ser contraria a las reglas mercantiles que regulan su régimen jurídico, esa situación se trasladará de inmediato al ámbito tributario, deshaciendo sus efectos primigenios"* ([36]).

En definitiva, concluye, *"cuando la retribución figura contabilizada en una cuenta de gasto, es un gasto real en el que ha incurrido la entidad por la actividad desarrollada por el administrador para la obtención de los ingresos, sobre la misma se ha practicado la correspondiente retención y ha sido declarada por el administrador como ingreso en el IRPF, en general, y salvo situaciones fraudulentas, debía admitirse su deducibilidad en el impuesto sobre societario, y ello con independencia de que se cumplan escrupulosamente todos los requisitos establecidos en la legislación mercantil"* ([37]).

En este contexto, y como acertadamente Marín Benítez señala, *"si se quiere excluir la deducibilidad de gastos ilícitos en el Impuesto sobre Sociedades, debería hacerse expresamente a través de la modificación legislativa del artículo 14.1. del TRLIS y no mediante la exclusión de la deducibilidad de gastos reales y contabilizados en casos que no están previstos en el presupuesto de hecho de esta norma y que no responden a la misma ratio legis que los regulados en ella"* ([38]).

---

33 Falcón y Tella, Ramón. *"La abstracción tributaria de la causa y sus...*. Ob. Cit. Pág. 175.

34 Falcón y Tella, Ramón. *"La abstracción tributaria de la causa y sus...*. Ob. Cit. Pág. 175.

35 García Gómez, Antonio J. "Fiscalidad de la retribución de los administradores sociales y su impacto en la tributación de la sociedad", en *Retribución y prestación de servicios de los administradores de sociedades*. Dirección, José Antonio García-Cruces. Ed. Tirant Lo Blanch. Valencia, 2018. Pág. 409.

36 García Gómez, Antonio J. *"Fiscalidad de la retribución de los administradores sociales..."*. Ob. Cit. Pág. 409.

37 García Gómez, Antonio J. *"Fiscalidad de la retribución de los administradores sociales..."*. Ob. Cit. Págs. 410 y 411.

38 Marín Benítez, Gloria. *"Los consejeros ejecutivos en el..."*. Ob. Cit. Pág. 24.

Y esto, en el fondo, es lo que ha ocurrido con la Ley 27/2014, del IS, al recoger en su art. 15.f) que no son fiscalmente deducibles *"los gastos de actuaciones contrarias al ordenamiento jurídico"*.

En opinión de Puebla Agramunt, *"la presunción de validez de los actos que rige en nuestro ordenamiento jurídico y que impide que un acto sea expulsado del mismo sin pronunciamiento formal y expreso, es lo que permite y fundamenta que, de principio o de momento y mientras esa declaración no se produzca, ese acto sea sometido a gravamen"* ([39]).

La norma que en su opinión *"permite el gravamen de los actos con apariencia de válidos pero aquejados de vicios de invalidez e ilicitud, se recoge en nuestro Derecho positivo en el artículo 13 de la Ley 58/2003, General Tributaria, que contiene la regla de la irrelevancia de los vicios que puedan afectar al acto que conforma el hecho imponible de un impuesto"* ([40]).

Ahora bien, prosigue, *"lo anterior no significa que lo ilícito tribute definitivamente. (Si) se declara la nulidad y, en consecuencia, se deshacen los efectos, entonces el impuesto satisfecho debe devolverse (...). Al haber desaparecido el acto, no puede haber gravamen sobre el mismo"* ([41]).

Como vemos, continúa la autora, *"la Ley tributaria prohíbe, a quien liquide, indagar sobre las posibles causas de invalidez en el ámbito extratributario, caso de que se den. Ordena liquidar el impuesto y, en consecuencia, se tributa porque se acepta que los actos o negocios son en apariencia válidos. Pero si esa apariencia se rompe (por una declaración de nulidad) y se restituyen las prestaciones, o de cualquier otra manera se deshacen los efectos de lo realizado, el tributo no tiene razón de ser"* ([42]).

Sin embargo, *"todo acto que no goce de dicha apariencia de validez, bien por ser evidente su ilicitud, bien por contener indicios de delito, no debe ser gravado"* ([43]).

Y ello, *"porque el artículo 13 de la LGT solo habla de gravar negocios con vicios que pudieran afectar a su validez, no de gravar negocios evidentemente nulos. Dicho de otro modo, si la Administración tributaria se encuentra ante actos o hechos sobre cuya declaración de nulidad no es competente o si no puede ampararse en la apariencia de validez de esos actos (porque la ilicitud o el vicio sea evidente, como la venta de droga fuera del circuito autorizado), la solución ya no puede venir de la regla de la prescindencia de los vicios. Cuando la Administración no puede abstraerse de los defectos de los actos, no debe liquidar haciendo abstracción de los mismos. Y*

39 Puebla Agramunt, Nuria. "El gravamen de lo ilícito. Aplicación práctica de la solución propuesta a los distintos impuestos desde nuestro Derecho Positivo". *Revista de Contabilidad y Tributación,* CE, núm. 310. Pág. 14.

40 Puebla Agramunt, Nuria. *"El gravamen de lo ilícito. Aplicación práctica..."*. Ob. Cit. Pág. 14.

41 Puebla Agramunt, Nuria. *"El gravamen de lo ilícito. Aplicación práctica..."*. Ob. Cit. Pág. 14.

42 Puebla Agramunt, Nuria. *"El gravamen de lo ilícito. Aplicación práctica..."*. Ob. Cit. Pág. 14.

43 Puebla Agramunt, Nuria. *"El gravamen de lo ilícito. Aplicación práctica..."*. Ob. Cit. Pág. 14.

esto ocurrirá tanto cuando lo realizado sea algo absolutamente ilícito y no presente siquiera apariencia de validez, como cuando pudiera ser constitutivo de delito" ([44]).

En definitiva, el criterio administrativo y jurisprudencial aplicado hasta hoy, contraviene, e ignora, el art. 13 de la LGT sin perjuicio de las necesarias precisiones que con relación al art. 15. f) de la LIS hay que hacer y que después abordaremos.

La calificación de la retribución de los administradores con cargo gratuito no se trata por tanto de una cuestión de liberalidad ni de estricta legalidad.

Se trata, sin más, de una cuestión de calificación jurídica de los hechos, actos, y/o negocios; calificación que obliga a prescindir de los defectos que afectan a la validez de los mismos, esto es, y, en nuestro caso, el cumplimiento o no del principio de reserva estatutaria.

No obstante, la entrada en vigor de la reforma del 2014 plantea la duda de cómo compatibilizar dicho principio con la regulación como gasto no deducible de los gastos de actuaciones contrarias al ordenamiento jurídico a que el art. 15.f) de la Ley 27/2014 se refiere, cuestión que, por su importancia, abordamos en un capítulo independiente.

44 PUEBLA AGRAMUNT, NURIA. *"El gravamen de lo ilícito. Aplicación práctica..."*. Ob. Cit. Págs. 14 y 15.

CAPITULO 3

EL CONCEPTO DE GASTOS DE ACTUACIONES CONTRARIAS AL ORDENAMIENTO JURÍDICO COMO GASTO FISCALMENTE NO DEDUCIBLE

1. El art. 15.f) de la Ley 27/2014: ¿una limitación al principio de calificación?

1.1. El criterio de la DGT

Como ya sabemos, el art. 15.f) de la Ley 27/2014, establece que no son deducibles *"los gastos de actuaciones contrarias al ordenamiento jurídico"*.

Recordar, al respecto, que el texto del Anteproyecto de Ley del IS se refería a *"gastos derivados de actuaciones ilícitas"*, y no a *"gastos de actuaciones contrarias al ordenamiento jurídico"*, expresión, esta última, mucho más abierta e indeterminada.

Sea como fuere, y en aras a su adecuada interpretación, resulta obligado recordar en primer lugar el informe de la DGT de 5 de marzo de 2007 *"sobre deducibilidad fiscal en el impuesto sobre sociedades de las cantidades pagadas presuntamente de forma ilícita a funcionarios públicos extranjeros"*.

El informe se inicia recordando que, en el marco de la Unión Europea, el documento del Consejo Europeo Prevención y control de la delincuencia organizada-Estrategia de la Unión Europea para el comienzo del nuevo milenio, basado en el Plan de Acción aprobado por el Consejo Europeo de Ámsterdam de 1997(DOC 251, de 15/08/1997) y en el Plan de Acción del Consejo y de la Comisión sobre la mejor manera de aplicar las disposiciones del Tratado de Ámsterdam relativas a la creación de un espacio de libertad, seguridad y justicia, aprobado por el Consejo Europeo de Viena de 1998 (DOC 19, de 23/01/1999), propuso *"desarrollar los instrumentos jurídicos para luchar contra la delincuencia organizada en relación con el **fraude fiscal**"*.

Con dicha finalidad, se realizaron diversas recomendaciones, entre otras, que ***"los pagos con fines delictivos como las prácticas de corrupción, no sean deducibles de impuestos"***.

Con carácter general, señala el informe, *"es posible afirmar que, en la realización de* ***actividades intrínsecamente prohibidas,*** *el gasto asociado a tales actividades no supone una verdadera disminución de la capacidad económica puesto que el contribuyente sabe que de ningún modo puede realizar dicho gasto.* ***Por ello, no cabe admitir, desde un punto de vista jurídico, la existencia de correlación entre ingresos y gastos, aunque dicha correlación pueda existir materialmente, por lo que nos encontramos ante una conducta muy próxima a la mera liberalidad*** *(...) teniendo en cuenta que, en todo caso, la ventaja o beneficio resultante (...) tendrá la consideración de ilícito o irregular. En definitiva,* ***al ser radicalmente nula la obligación de satisfacer los gastos delictivos, cabe equiparar, como regla general, el gasto prohibido por el ordenamiento jurídico a una liberalidad; gasto que en cualquier caso no estará jurídicamente correlacionado con los ingresos, por lo que en ningún caso cabría admitir su deducibilidad fiscal****"*.

En definitiva, concluye, ***"los gastos delictivos o constitutivos de conductas radicalmente prohibidas, en general, y los pagos por sobornos a funcionarios públicos extranjeros, en particular, no serán gasto deducible en el Impuesto sobre Sociedades, puesto que no guardan la necesaria y legítima correlación con los ingresos y tienen la consideración de mera liberalidad****, de acuerdo con lo establecido en el artículo 14 del TRLIS"*.

La no deducibilidad de dichos gastos, prosigue, ***"radicalmente prohibidos*** *por el ordenamiento jurídico, debe afirmarse, ya que, de lo contrario, se estaría otorgando carta de naturaleza a dicha conducta mediante el reconocimiento de efectos fiscales sobre la determinación del rendimiento neto. Efectos fiscales que deben negarse, en todo caso, puesto que los* ***gastos delictivos o radicalmente prohibidos*** *por el ordenamiento jurídico no disminuyen la capacidad económica del sujeto pasivo, al tratarse de un gasto no correlacionado con la obtención de ingresos, por lo que no deberán tomarse en consideración a la hora de determinar la base imponible del sujeto pasivo, la cual debe ser en todo momento reflejo y expresión de la capacidad económica de los contribuyentes, de acuerdo con lo dispuesto en el artículo 31.1 de la Constitución española, Norma Suprema de nuestro ordenamiento jurídico"*.

Conviene subrayar que esta interpretación coincide con la que el Tribunal de Justicia de la Unión Europea (en adelante, TJUE) mantiene con relación a las transacciones u operaciones ilícitas en el ámbito del IVA y a la que después nos referiremos también.

En este contexto, y utilizando las mismas expresiones que se recogen en el informe, cabe interpretar que la expresión *"gastos de actuaciones contrarias al ordenamiento jurídico"*, se refiere a los gastos *"constitutivos de conductas radicalmente prohibidas"*, esto es, a gastos asociados a *"actividades intrínsecamente prohibidas"*, y, por tanto, a *"los pagos con fines delictivos como las prácticas de corrupción"* o *"gastos delictivos"*.

Por su parte, las expresiones *"radicalmente prohibidos"* o *"actividades intrínsecamente prohibidas"* hay que vincularlas a los actos y/o negocios radicalmente nulos y, por tanto, a aquellos que no producen *"ab initio"* efectos jurídicos.

No en vano, el informe señala con acierto que *"**al ser radicalmente nula la obligación de satisfacer los gastos delictivos**, cabe equiparar, como regla general, el gasto prohibido por el ordenamiento jurídico a una liberalidad"*.

Equiparación, dicho sea de paso, que nos recuerda a la que hace también el TS con relación a la retribución de los administradores sin previsión estatutaria.

Con acierto, decimos, primero, porque al hablar de una obligación *"radicalmente nula"* nos está remitiendo, de hecho, a los arts. 6.3 y 1.275 del Código Civil (en adelante, CC) que, recordémoslo, establecen, respectivamente, que *"los actos contrarios a las normas imperativas y a las prohibitivas son nulos de pleno derecho, salvo que en ellas se establezca un efecto distinto para el caso de contravención"*, y que *"los contratos (...) con causa ilícita, no producen efecto alguno"*, siendo *"ilícita la causa cuando se opone a las leyes"*, y, segundo, porque equipara la expresión de *"gastos delictivos"* a la de gastos *"prohibidos por el ordenamiento jurídico"*, como refiriéndose, tan solo, a los actos contrarios a las normas prohibitivas.

En este sentido, conviene recordar la Resolución de la DGT a la consulta nº 888/2002, de 10 de junio, que, con relación a los gastos realizados para la promoción de medicamentos, señala que *"a tenor de lo dispuesto en el artículo 1275 del Código Civil "los contratos sin causa, o con causa ilícita, no producen efecto alguno. Es ilícita la causa cuando se opone a las leyes o a la moral", por lo que si la finalidad de los mencionados gastos es la promoción de los productos farmacéuticos elaborados por la entidad consultante, éstos no podrán ser fiscalmente deducibles cuando se hayan realizado en contra de las limitaciones a los mismos establecidas en la Ley 25/1990, de 20 de diciembre (BOE del día 22), del medicamento y en el Real Decreto 1416/1994, de 25 de junio (BOE del 27 de julio) que regula la publicidad de los medicamentos de uso humano"*.

De lo anterior se deduce, también, que no todo gasto por actuación contraria al ordenamiento jurídico es no deducible, sino, tan solo, aquél que la norma sanciona con su nulidad absoluta.

En este sentido, el propio art. 6.3 del CC puntualiza que *"los actos contrarios a las normas imperativas y a las prohibitivas son nulos de pleno derecho, **salvo que en ellas se establezca un efecto distinto para el caso de contravención**"*; supuestos, estos últimos, en los que el acto y/o el negocio sobrevive en el mundo del derecho produciendo por tanto plenos efectos.

Volveremos después al respecto.

No compartimos, sin embargo, el criterio de la DGT, en el sentido de que los gastos de actuaciones radicalmente prohibidas *"no disminuyen la capacidad económica del sujeto pasivo"*.

Y no lo compartimos porque lo que ocurre en realidad es que, en tales casos, no existe ninguna manifestación de riqueza susceptible de ser gravada, como gasto ni como ingreso.

Esta, y no otra, es la razón por la que el gasto no es deducible ya que, en pureza, no existe en estos casos ningún gasto que minore la capacidad económica del contribuyente. Y no existe porque el acto o negocio realizado carece de efectos jurídicos; no existe; es, recordémoslo, nulo de pleno derecho.

En puridad, pues, no estamos ante un supuesto de liberalidad, sino ante un acto o negocio inexistente para el mundo del derecho.

Cuestión distinta es que el concepto de liberalidad haya sido hasta 2014 el refugio legislativo que la DGT considera idóneo para negar su deducibilidad.

No estamos, tampoco, ante actos y/o negocios con vicios de ilicitud, o, si se prefiere, con apariencia de legalidad, sino ante actos y/o negocios nulos de pleno derecho y, por tanto, sin efectos jurídicos de ningún tipo.

Desde esta perspectiva, la interpretación del art. 15.f) hay que vincularla a las actuaciones contrarias al ordenamiento jurídico, como sinónimo de actuaciones radicalmente prohibidas a las que el ordenamiento sanciona con su nulidad absoluta.

Tras la aprobación de la Ley 27/2014, pocas han sido las ocasiones en las que la DGT ha tenido la oportunidad de pronunciarse con relación al art. 15.f) y, en todas las que lo ha hecho, la cuestión principal planteada ha sido la deducibilidad de los intereses de demora.

No obstante, es importante subrayar uno de los razonamientos que la DGT utiliza en todas sus resoluciones.

En efecto; en todas ellas la DGT señala que *"los gastos de actuaciones contrarias al ordenamiento jurídico* ***son aquellos cuya realización está castigada por el propio ordenamiento jurídico****, como es el caso de los sobornos,* ***de manera que su realización es contraria al mismo y está penada. Esto es, la realización del propio gasto, el gasto ilícito y que, como tal, conlleva una pena, es el gasto que no resulta fiscalmente deducible****"* ([45]).

Nótese que la DGT se refiere a gastos *"ilícitos"*; a gastos cuya realización es, por sí misma, contraria al ordenamiento.

Nótese, también, aunque el matiz se considere sutil, que el art. 15.f) habla de gastos *"de"* actuaciones contrarias al ordenamiento jurídico. Se trata, por tanto, y como la DGT subraya con acierto, de que el gasto sea, *"en sí mismo"*, contrario al ordenamiento, y no, de que el gasto, siendo lícito, esté asociado a una actuación contraria al ordenamiento jurídico.

45 Resolución V1788-17, de 10 de julio.

Los intereses de demora son un claro ejemplo de ello.

En efecto; una cosa es que el gasto en sí mismo, esto es, los intereses de demora, sean un gasto contrario al ordenamiento, y otra, muy distinta, que ese gasto, lícito a todas luces, se asocie a la compensación económica procedente de una regularización tributaria por presunto incumplimiento de la normativa tributaria.

El gasto contrario al ordenamiento jurídico es el que, en sí mismo, es *"ilícito"*.

Este es también el criterio del TS, en su reciente Sentencia de 8 de febrero de 2021, con relación, precisamente, a los intereses de demora, y en la que se afirma que *"los intereses de demora constituyen una obligación accesoria, tienen como detonante el incumplimiento de la obligación principal,* ***pero en sí mismos considerados****, no suponen un incumplimiento; al revés, se abonan en cumplimiento de una norma que legalmente lo exige"* ([46]).

Veamos otro ejemplo.

El art. 7. Uno de la Ley 7/2012, de 29 de octubre, relativo a las *"limitaciones a los pagos en efectivo"* establece que *"no podrán pagarse en efectivo las operaciones, en las que alguna de las partes intervinientes actúe en calidad de empresario o profesional, con un importe igual o superior a 2.500 euros o su contravalor en moneda extranjera"*.

Sin embargo, tal prohibición no significa que el gasto al que el pago está vinculado, por ejemplo, el salario de un empleado, trabajador, o directivo, sea contrario al ordenamiento jurídico.

Lo que es contrario al mismo es el pago en efectivo por un importe superior al que la norma autoriza.

Es obvio, pues, que a pesar de que nos encontramos ante una actuación contraria al ordenamiento jurídico, el gasto asociado al pago que se ha realizado es lícito, y, por tanto, deducible, siempre, claro está, que éste responda a un gasto real, contabilizado, imputado contablemente de forma correcta, y debidamente justificado.

Fijémonos, además, que la reacción del propio ordenamiento frente a tal ilicitud es una infracción económica y no la nulidad radical del acto y/o negocio asociado al mismo.

En efecto; el propio art. 7 de la Ley 7/2012 establece en su número Dos. 1 que *"constituye infracción administrativa el incumplimiento de las limitaciones a los pagos en efectivo establecidos en el apartado uno anterior"*, y, en su número 3 que *"la base de la sanción será la cuantía pagada en efectivo en las operaciones de importe igual o superior a 2.500 euros"*, consistiendo la sanción en *"multa pecuniaria proporcional del 25 por ciento de la base de la sanción prevista en el número anterior"*.

Diferente es el caso, por ejemplo, del gasto satisfecho para sobornar a un funcionario. En este caso, el gasto es en sí mismo *"ilícito"* y, por tanto, contrario al ordenamiento. Se trata, además, de un acto radicalmente nulo.

46 STS 150/2021 de 8 de febrero de 2021, nº recurso 3071/2019.

En definitiva, pues, el gasto que no es deducible fiscalmente es el gasto que, por su naturaleza, es en sí mismo *"ilícito"*, esto es, un gasto que, en sí mismo, es *"radicalmente nulo"*.

Y una vez más llegamos a idéntica conclusión: no todo gasto de actuaciones contrarias al ordenamiento jurídico es objeto de reproche tributario, sino, tan solo, aquél que, en sí mismo, es nulo de pleno derecho, esto es, aquél que procede de *"actividades intrínsecamente prohibidas"* o *"radicalmente prohibidas"*, es decir, de negocios y/o actos nulos de pleno derecho y, por tanto, sin efectos jurídicos.

Hasta aquí, la interpretación que en nuestra opinión hay que hacer del art. 15.f) de la Ley 27/2014 a la luz de la doctrina de la DGT, en concreto, de su informe de 5 de marzo de 2007.

Veamos ahora si esta interpretación es también la que el TS sostiene con relación a los gastos ilícitos.

1.2. El criterio del TS

Nos vamos a limitar en este apartado a comentar las sentencias del TS con relación a supuestos distintos de la retribución de los administradores.

En una de sus primeras sentencias con relación a gastos contrarios al ordenamiento jurídico, en concreto, la de 4 de julio de 1998 ([47]), el TS declara la no deducibilidad de determinados gastos de publicidad y regalos o incentivos en la medida que *"el Reglamento del Juego (...) prohíbe la publicidad de tales actividades y de los locales en que se lleven a cabo, hasta el punto de que constituye falta grave la realización de publicidad no autorizada (como también constituye) falta grave motivar a los jugadores mediante incentivos, regalos u obsequios (sin olvidar), finalmente, que el artículo 10 del Real Decreto 444/1977, de 11 de marzo, prohíbe efectuar publicidad de los juegos de azar o de los establecimientos donde éstos se practiquen"*.

Conviene no obstante señalar, que la Sentencia se dictó bajo la vigencia de la Ley 61/1978 en la que el TS vinculaba el concepto de gasto necesario al de gasto obligatorio; gasto, este último, que se vinculaba, a su vez, al de gasto no contrario al ordenamiento.

De tal vinculación se concluye que todo gasto contrario al ordenamiento no es obligatorio y, por tanto, no es necesario.

En definitiva, si el gasto *"ilícito"* no es un gasto al que obligatoriamente la empresa ha de hacer frente, no estamos ante un gasto necesario y, por tanto, deducible.

Este es, también, el criterio que bajo la vigencia de la Ley 43/1995, el TS continúa manteniendo, aunque vinculando, en este caso, el gasto *"ilícito"* con el gasto no correlacionado con los ingresos, concluyendo, ahora, la existencia de una liberalidad.

---

47 STS 4483/1998 de 4 de julio de 1998, nº recurso 3065/1992.

Sin embargo, y en el caso de la sentencia a la que ahora nos referimos, hay que subrayar que de su lectura no se desprende, tampoco, si la no deducibilidad de los gastos a los que se refiere, obedece a su carácter ilícito, o, como se ha dicho, a su no obligatoriedad.

Sigamos con la jurisprudencia del TS.

En su Sentencia del 11 de febrero de 2010 ([48]) relativa a la deducibilidad de los gastos de congresos, simposiums y reuniones, con la finalidad de promocionar determinados medicamentos, el TS señala que, a pesar de que la Sentencia de instancia considera que *"los gastos que en ellas se consideran prohibidos no podrían ser deducibles, pues el ordenamiento jurídico es unitario, en su consideración global, lo que excluye que determinados gastos llevados a cabo con infracción de normas prohibitivas puedan servir de base a su deducción, ya que en el concepto de gastos necesarios para la obtención de ingresos solo cabe considerar como tales los materialmente necesarios que además sean legalmente posibles, pues lo contrario sería tanto como afirmar que para obtener un rendimiento lícito sería posible valerse de medios ilícitos"*, su no deducibilidad se debe en este caso a la falta de motivación y justificación de tales gastos.

Y concluye. La *"sentencia de instancia, no introduce nada novedoso (ya que) se limita a aclarar que obviamente los gastos ilícitos no pueden ser deducidos por su idoneidad"*.

Aunque la sentencia se refiere, también, a periodos impositivos en los que la Ley 61/1978 estaba vigente, no es menos cierto que introduce, por primera vez, el razonamiento de la no deducibilidad de los gastos ilícitos en base a la unidad del ordenamiento; razonamiento que choca frontalmente con quienes consideran que los principios que han de prevalecer son los de capacidad económica, igualdad, generalidad, irrelevancia fiscal de los vicios de licitud, y prohibición del *"non bis in idem"* ([49]).

No parece tampoco que, para el Tribunal, el principio de unidad del ordenamiento haya de tener un reflejo normativo expreso en la medida que, en su opinión, la no deducibilidad de los gastos *"ilícitos"* es la consecuencia directa de aplicar dicho principio, que, como tal, se erige en un principio de general aplicación.

En otro orden de cosas, hay que subrayar la falta de automatismo en la calificación como *"ilícito"* de los gastos de que se trata ya que, para ello, el propio TS rechaza la mera remisión al derecho sanitario y exige la acreditación de la finalidad y destino real de los mismos.

En efecto. En opinión del TS *"no es adecuado aportar facturas de agencias de viajes en que el servicio facturado sea el congreso mismo, porque éste no es un concepto adecuado para identificar el gasto y porque faltaría la necesaria concreción en orden a la verdadera naturaleza del servicio o prestación económica dirigida al congreso o reunión. No son éstos, genéricamente considerados, los que determi-*

48 STS 811/2010 de 11 de febrero de 2010, nº recurso 9779/2004.

49 Vid, entre otros, MARÍN BENÍTEZ, GLORIA. *"Los consejeros ejecutivos en el..."*. Ob. Cit. Págs. 23 y sigs.

nan la deducibilidad del gasto, sino aquéllos que, contabilizados y amparados en la debida factura, acrediten la satisfacción de gastos lícitos y, además, necesarios para la producción de los ingresos, justificación que en este caso falta totalmente".

Mucho más explícito es sin embargo el TS, en su Sentencia de 25 de febrero de 2010 ([50]), recaída en el recurso de casación nº 10396/2004, y en la que, haciéndose eco de la Sentencia de 24 de octubre de 1998, señala que *"como presupuesto primero e ineludible para determinar si un gasto es o no fiscalmente deducible, se exige que el gasto no esté prohibido normativamente o que derive de un acto ilícito; de suerte que resulta inútil entrar a examinar fiscalmente la deducibilidad fiscal del gasto si procede del incumplimiento de una norma, por prohibición o por contravención".*

La Sentencia cuenta con un interesante voto particular del Excmo. Sr. D. José Antonio Montero Fernández en el que se señala que, en opinión del Magistrado, *"la esencia del problema no radica tanto en que el gasto sea estrictamente necesario para la obtención del rendimiento, como en la aplicación del principio general de la no admisibilidad de que para obtener ingresos sean necesarios gastos que deriven de una infracción de ley".*

Una vez más, se trata de una sentencia dictada bajo la vigencia de la Ley 61/1978 y, por tanto, bajo el criterio jurisprudencial de considerar el gasto ilícito como un gasto no obligatorio y, por ende, no necesario para la obtención de los ingresos; criterio que para el Magistrado en cuestión es insuficiente. Lo relevante, en su opinión, es la aplicación sin más del principio general de *"la no admisibilidad de que para obtener ingresos sean necesarios gastos que deriven de una infracción de ley".*

Por su parte, el TS, en su reciente Sentencia de 8 de febrero de 2021, y con relación a los intereses de demora, afirma que el concepto de actuaciones contrarias al ordenamiento jurídico no se pueden equiparar, *"sin más, a cualquier incumplimiento del ordenamiento jurídico ya que esto conduciría a soluciones claramente insatisfactorias, (y) sería una interpretación contraria a su finalidad. La idea que está detrás de (tal) expresión (...) necesita ser acotada, han de evitarse interpretaciones expansivas, puesto que esa expresión remite solo a cierto tipo de actuaciones, vg. sobornos y otras conductas similares".*

En definitiva, y a excepción de los intereses de demora, las sentencias del TS versan sobre actos que, en sí mismos, están expresamente prohibidos por nuestro ordenamiento.

En este contexto, y como después comentaremos, conviene recordar que retribuir a los administradores no es tampoco un acto que, por si mismo, sea contrario a nuestro ordenamiento. Lo es, en todo caso, su falta de previsión estatutaria.

Sea como fuere, lo cierto es que el TS, en esta última sentencia, descarta una interpretación expansiva del concepto de actuaciones contrarias al ordenamiento jurídico, sin precisar, no obstante, cual es su límite.

---

50 STS 1462/2010 de 25 de febrero de 2010, nº recurso 10396/2004.

No hay que olvidar, sin embargo, que el presupuesto de partida del TS para analizar la deducibilidad de los gastos contrarios al ordenamiento ha sido, hasta hoy, el de que el gasto no esté prohibido por nuestro ordenamiento. Habrá pues que ver cual es el alcance que el TS le da a tal prohibición.

En definitiva, hay que esperar a ver cuál es la evolución de la jurisprudencia bajo la vigencia de la Ley 43/1995 y, muy especialmente, de la Ley 27/2014, en la que, por primera vez, se incluye el concepto de gastos por actuaciones contrarias al ordenamiento jurídico; evolución en la que se han de concretar los límites que eviten la interpretación expansiva a que el TS alude alineándose, de hecho, en la misma línea interpretativa que la DGT y el TJUE.

Nuestro objetivo, precisamente, es el de fijar la frontera entre una interpretación acorde con la finalidad del precepto, y una interpretación expansiva contraria a la misma; frontera que, en nuestra opinión, hay que fijarla en función de la eficacia de los actos y/o negocios jurídicos.

Analizada la jurisprudencia del TS, analicemos, ahora, la doctrina del TJUE.

1.3. El criterio del TJUE

Decíamos antes que el criterio de la DGT coincide con el que el TJUE aplica para distinguir entre transacciones lícitas e ilícitas en el ámbito del IVA.

Detengámonos en ello.

Para el TJUE, el principio de neutralidad no permite una tributación distinta entre ambos tipos de transacciones.

Esto quiere decir que ante entregas de bienes y/o prestaciones de servicios objetivamente idénticas, el principio de neutralidad no permite que su tributación sea distinta por el mero hecho de que la transacción se realice de forma lícita o ilícita.

Sin embargo, si la transacción que se realiza corresponde a una entrega de bienes y/o prestación de servicios cuya distribución y/o comercialización está radicalmente prohibida, el principio de neutralidad no se considera vulnerado por el hecho de que dicha transacción ilícita no esté sujeta al IVA.

Veamos un ejemplo.

La venta de coches es, objetivamente, una actividad económica *"lícita"* incluida en el ámbito de aplicación del IVA.

Se trata, para entendernos, de una actividad que no está radicalmente prohibida.

Sin embargo, ello no impide que la entrega de determinados vehículos proceda de una adquisición ilícita, por ejemplo, del robo.

Pues bien; el principio de neutralidad impide que la entrega de vehículos tenga un tratamiento distinto en función de que éstos se hayan adquirido de forma lícita o ilícita.

En ambos casos, su entrega o venta está sujeta y no exenta del IVA y, en ambos, casos, el adquirente tiene derecho a la deducción del IVA soportado siempre, claro está, que éste cumpla con los requisitos que la Directiva exige.

Sin embargo, si la entrega o venta de vehículos se tratara de una actividad radicalmente prohibida, el principio de neutralidad no impediría que su entrega se considere no sujeta al impuesto.

Centrémonos ahora en la jurisprudencia del TJUE.

La primera de las Sentencias que trató realmente esta cuestión fue la de 5 de julio de 1988, Asunto nº 269/86, Caso Mol, con relación a la entrega de anfetaminas prohibidas.

El órgano jurisdiccional correspondiente planteó al Tribunal si el art. 2 de la Sexta Directiva se puede interpretar en el sentido de que las entregas de anfetaminas no están sujetas al IVA, al tratarse de entregas que están prohibidas por la ley.

El TJUE, en su Sentencia de 28 de febrero de 1984, ya había señalado que *"no nace deuda tributaria alguna (...) con motivo de la importación ilegal en la Comunidad de estupefacientes que no forman parte del circuito económico estrictamente vigilado por las autoridades competentes para ser utilizados con fines médicos y científicos"*.

Sin embargo, el Tribunal todavía no se había pronunciado sobre idéntica situación con relación a su entrega en el interior del mercado único.

En este contexto, y tras reconocer que *"el principio de neutralidad fiscal se opone (...) a una diferenciación generalizada entre las transacciones legales y las ilegales"*, el TJUE señala que *"ello no es cierto en lo que respecta a la entrega de productos como los estupefacientes, que tienen características especiales en la medida en que, por su propia naturaleza, están comprendidos dentro del ámbito de aplicación de una prohibición total de comercialización en todos los Estados miembros, a excepción de un circuito económico estrictamente vigilado para su utilización con fines médicos y científicos"*.

En opinión del Tribunal, *"en una situación específica de tales características en la que está excluida toda competencia entre un sector económico legal y un sector ilegal, la no sujeción al IVA no puede afectar al principio de neutralidad fiscal"*.

En definitiva, el Tribunal responde a la cuestión prejudicial planteada en el sentido de que *"el artículo 2 de la Sexta Directiva debe interpretarse en el sentido de que no nace deuda tributaria alguna en concepto de impuesto sobre el volumen de negocios con ocasión de la entrega ilegal de estupefacientes realizada a título oneroso en el interior de un país, en la medida en que dichos productos no forman parte del circuito económico estrictamente vigilado por las autoridades competentes para su utilización con fines médicos y científicos"*.

En consecuencia, *"el principio de no sujeción al IVA es aplicable (...) a la entrega ilegal de anfetaminas, en la medida en que dichos productos no formen parte del circuito estrictamente vigilado por las autoridades competentes"*.

En idéntico sentido se pronuncia el TJUE, en su Sentencia de 5 de julio de 1988, Asunto núm. 289/86, Caso Happy Family Rustenbergerstraat, con relación a los estupefacientes derivados del cáñamo *"incluso si las autoridades de un Estado miembro, en el marco de una política represiva selectiva, no aplican sistemáticamente sanciones penales contra un pequeño comercio al por menor de estos estupefacientes"*.

En efecto; *"la armonización (...) del sistema del Impuesto sobre el Valor Añadido se vería comprometida si el ámbito de aplicación de dicho impuesto en relación con una transacción ilegal dependiese de las modalidades de represión practicadas efectivamente en uno u otro de los Estados miembros, aun cuando en el Estado interesado no se cuestione el hecho de que se trata de una transacción prohibida en principio"*.

Por su parte, en su Sentencia de diciembre de 1990, Asunto C-343/89, Caso Max Wítzemann, se refiere a la importación de moneda falsa. En su opinión, y tomado como referencia Sentencias anteriores, *"no puede recaudarse (el IVA) al importarse moneda falsa en la Comunidad"*.

En su Sentencia de 2 de agosto de 1993, Asunto C-1 11/92, Caso Wilfried Lange, el órgano jurisdiccional competente plantea si es posible denegar la exención en el caso de operaciones de exportación de sistemas informáticos (materiales y programas) cuando, infringiendo las disposiciones nacionales sobre autorización de exportaciones, se realicen entregas con destino a Estados en los que no se aplica ningún régimen de autorización.

En opinión del Tribunal, *"no existe ninguna prohibición absoluta de comercializar (sistemas) informáticos"*. En consecuencia, *"las operaciones de entrega a título oneroso en el interior de la Comunidad, de importación en la Comunidad o incluso de exportación de dichas mercancías son en principio lícitas y, por tanto, pueden dar lugar al nacimiento de una deuda de IVA"*.

Tras reiterar de nuevo el criterio fijado en la Sentencia Mol, el Tribunal considera que el principio de neutralidad se opone a establecer una diferenciación entre operaciones lícitas e ilícitas *"cuando se trata de mercancías con respecto a las cuales no se han prohibido todas las operaciones a causa de la propia naturaleza de estas mercancías o de sus características específicas y cuando solo se prohíbe su exportación hacia determinados destinos precisos a causa de su posible utilización para fines estratégicos"*. Por lo tanto, concluye, *"dicha prohibición no puede bastar por sí misma para excluir las exportaciones de estas mercancías del ámbito de aplicación de la Sexta Directiva"*.

Por su parte, la Sentencia de 28 de mayo de 1998, Asunto C-3/97, Caso John Charles Goodwin y Edward Thomas Unstead, se refiere a la venta de perfumes falseados, en concreto, si ésta está sujeta al IVA.

Tras reiterar una vez más la doctrina sobre el principio de neutralidad, el Tribunal considera que *"en el caso que nos ocupa no se trata de mercancías cuya comercialización esté prohibida por su propia naturaleza o por sus características específicas"*.

Para el TJUE, *"si las transacciones sobre productos falsificados infringen los derechos de propiedad industrial, la consiguiente prohibición no está vinculada a la naturaleza o a las características esenciales de esos productos, sino al perjuicio que ocasiona a los derechos de terceros"*.

Asimismo, prosigue, *"la prohibición derivada de la vulneración de derechos de propiedad industrial tiene un carácter condicional, y no absoluto, como sí ocurre en el caso de los estupefacientes o de la moneda falsa"*.

Por lo tanto, señala, *"la prohibición que pesa sobre los productos falsificados a causa de la vulneración de derechos de propiedad industrial no basta para excluir la comercialización del ámbito de aplicación de la Sexta Directiva"*.

Por otra parte, prosigue, *"no está excluido que, en un caso como el del litigio principal, se establezca una competencia entre los productos falsificados y aquellos que sean objeto de operaciones realizadas en un circuito legal, puesto que existe un mercado lícito de artículos de perfumería que se ve precisamente afectado por los productos falsificados"*.

Y concluye. "De ello resulta que no se puede considerar que dichas mercancías estén excluidas del circuito económico al igual que los estupefacientes y la moneda falsa".

En su Sentencia de 11 de junio de 1998, C-283/95, Karlheinz Fischer, se plantea al Tribunal si un Estado miembro puede gravar la explotación ilegal de un juego de azar –en el presente caso, la ruleta–, cuando la actividad correspondiente efectuada por un casino público autorizado está exenta.

El TJUE reitera una vez más que, *"excepto en los casos en que queda excluida toda competencia entre un sector económico lícito y otro ilícito, el principio de neutralidad fiscal se opone, en materia de percepción del IVA, a una diferenciación generalizada entre transacciones lícitas e ilícitas"*.

En definitiva, *"dado que las operaciones ilícitas objeto del litigio principal compiten con actividades lícitas, el principio de neutralidad fiscal se opone a que reciban un trato diferente en materia de IVA"*.

En consecuencia, *"los Estados miembros no pueden reservar la exención únicamente a los juegos de azar que tengan un carácter lícito"*.

Por su parte, en su Sentencia de 29 de junio de 1999, Asunto C-158/98, Caso Coffeeshop "Siberië" vof, trata el supuesto del alquiler de espacios a terceros, alguno de los cuales se utiliza por el arrendatario para realizar transacciones ilícitas, en concreto, la venta de productos a base de cannabis.

Tras recordar la jurisprudencia recogida en sus dos anteriores sentencias, el TJUE señala que *"la calificación de un comportamiento como digno de represión no da lugar, por sí sola, a una excepción a la tributación en concepto del IVA, sino que una excepción de esta índole solo opera en situaciones específicas en las que está excluida toda competencia entre un sector económico lícito y otro ilícito debido a las características especiales de determinadas mercancías o de determinadas prestaciones"*.

En consecuencia, "*el alquiler de un emplazamiento destinado a acoger actividades comerciales constituye (...) una actividad económica y, por consiguiente, está comprendido en el ámbito de aplicación de la Sexta Directiva. El hecho de que las actividades llevadas a cabo en el emplazamiento alquilado sean sancionables penalmente, lo cual puede hacer ilícito el arrendamiento, en nada modifica el carácter económico del mencionado arrendamiento y tampoco impide que exista una competencia en este sector, incluso entre las actividades lícitas e ilícitas. De ello se desprende que, en caso de no sujeción, se conculcaría el principio de neutralidad fiscal del sistema del IVA".*

En su Sentencia de 29 de junio de 2000, Asunto C-455/98, Caso Kaupo Salumets y otros, el órgano jurisdiccional remitente plantea si la importación fraudulenta de alcohol etílico que, como tal, no se destina al consumo humano y cuenta con un mercado considerablemente más reducido que las demás bebidas alcohólicas debido al régimen de autorización al que está sujeta tal importación en el Estado miembro de que se trata, se ha de asimilar a las operaciones de entrega ilegal de estupefacientes e importación de moneda falsa, las cuales, según la jurisprudencia del Tribunal de Justicia, no están sujetas a derechos de aduana ni al IVA.

El Tribunal, tras recordar su reiterada doctrina con relación a que el principio de neutralidad no permite diferenciar entre transacciones lícitas e ilícitas, recuerda que *"la calificación de censurable de un comportamiento no implica, en sí misma, una excepción a la sujeción al impuesto, sino que tal excepción solo resulta de aplicación en situaciones específicas en las que, por las características concretas de determinadas mercancías o prestaciones, queda excluida toda competencia entre un sector económico lícito y un sector ilícito".*

En este sentido, y, en su opinión, *"el alcohol etílico (...) no se trata de una mercancía cuya comercialización esté prohibida por su propia naturaleza o sus características específicas"*.

Así mismo, *"las circunstancias en que se produjo la importación (...) no pueden modificar dicha apreciación (ya que) un producto intrínsecamente lícito como el alcohol etílico no puede ser asimilado a un estupefaciente por motivos relacionados con su procedencia, su calidad o su pureza"*.

Por otra parte, no hay que olvidar *"la competencia entre el alcohol importado de contrabando y el alcohol objeto de operaciones realizadas en un circuito legal, por cuanto existe un mercado lícito del alcohol al que precisamente acceden los productos de contrabando. De ello se desprende que el alcohol etílico no puede considerarse un producto excluido del circuito económico. Por lo tanto, está sujeto a los impuestos y derechos de aduana normalmente adeudados en virtud de la normativa comunitaria"*.

En su Sentencia de 6 de julio de 2006, Asunto C-439/04 y C-440/04, Casos Axel Kittel y Estado Belga, el órgano jurisdiccional remitente plantea al TJUE si cuando se realiza una entrega de bienes en favor de un sujeto pasivo que ha contratado de buena fe, ignorando el fraude cometido por el vendedor, el principio de neutralidad se opone a que la anulación del contrato de venta, en virtud de una norma de derecho civil nacional que lo considera nulo de pleno derecho, al ser contrario al orden público, por una causa ilícita imputable al vendedor, implica para el sujeto pasivo la pérdida del derecho a deducir el impuesto.

Los casos versan sobre la venta de coches robados y sobre el conocido como fraude *"tipo carrusel"* con relación a componentes informáticos.

El Tribunal, tras recordar una vez más el criterio fijado en su Sentencia de 5 de julio de 1988, reiterado también en posteriores sentencias, señala que en los casos objeto de litigio queda *"excluida toda competencia entre un sector económico lícito y un sector ilícito"*.

En consecuencia, *"cuando se realiza la entrega a un sujeto pasivo que no sabía y no podía saber que la operación de que se trata formaba parte de un fraude cometido por el vendedor, el artículo 17 de la Sexta Directiva debe interpretarse en el sentido de que se opone a una norma de Derecho nacional según la cual la anulación del contrato de venta, en virtud de una norma de Derecho civil que lo considera nulo de pleno derecho, al ser contrario al orden público por una causa ilícita imputable al vendedor, implica la pérdida del derecho a deducir el IVA soportado por el sujeto pasivo. A este respecto, es irrelevante la cuestión de si dicha nulidad resulta de un fraude en el IVA o de otros fraudes"*.

En cambio, concluye, *"cuando resulte acreditado, mediante datos objetivos, que la entrega se realiza a un sujeto pasivo que sabía o debía haber sabido que, mediante su adquisición, participaba en una operación que formaba parte de un fraude en el IVA, corresponde al órgano jurisdiccional nacional denegar a dicho sujeto pasivo el derecho a deducir"*.

Tras este repaso por la jurisprudencia del TJUE, se observa que su criterio es muy similar a la interpretación que proponemos con relación al art. 15 f) de la Ley 27/2014.

Las operaciones radicalmente nulas, esto es, aquellas que están radicalmente prohibidas, son a las que dicho precepto se refiere.

Para el TJUE, también son las operaciones radicalmente prohibidas y, por tanto, nulas de pleno derecho, las que quedan excluidas del *ámbito* general de aplicación de la Directiva.

Se trata, en suma, de operaciones que no producen efectos jurídicos. Operaciones de las que no existe aumento ni disminución de capacidad económica susceptible de gravamen. Operaciones respecto a las que existe una prohibición objetiva, absoluta y general. Y operaciones, en fin, respecto a las que existe un *único* mercado: el ilegal.

En el resto de los casos, esto es, en los que existe una apariencia de legalidad, en los que no existe una prohibición objetiva, absoluta y radical; en la que puede coexistir respecto a un mismo bien o servicio un mercado de competencia entre lo lícito y lo ilícito, tales operaciones tributan en el IVA, como lo hacen, también, en virtud del art. 13 de la LGT.

De ahí la importancia de distinguir entre comportamientos individual o subjetivamente ilícitos, como, por ejemplo, la venta de coches robados, los perfumes falsificados, o el juego ilegal o sin autorización, y comportamientos colectiva u objetivamente ilícitos, como por ejemplo la venta de estupefacientes, de determinado tipo de drogas, los sobornos, etc.

Trato diferenciado que se justifica tan solo por su más absoluta excepcionalidad, esto es, por tratarse de actuaciones radicalmente prohibidas; de actuaciones donde el principio de capacidad económica es absolutamente ajeno.

No olvidemos que el TJUE justifica tales situaciones por la inexistencia de *"operaciones imponibles"*, esto es, por la inexistencia de *"hecho imponible"*; es decir, por ausencia de manifestación alguna de riqueza imponible.

Nótese que el Tribunal no es ajeno a que son sujetos pasivos del impuesto quienes realizan con carácter independiente una actividad económica *"con independencia de cuáles sean las finalidades y los resultados de dicha actividad"*.

Y no es ajeno, porque lo determinante no es la intención lícita o ilícita del sujeto pasivo, sino si la actividad que éste realiza está o no radicalmente prohibida.

Precisamente por ello, el TJUE ha afirmado que *"la existencia de una obligación de la administración fiscal de realizar investigaciones con el fin de determinar la intención del sujeto pasivo sería contraria a los objetivos del sistema común del IVA"*. Lo relevante, en su opinión, es *"la naturaleza objetiva de la operación de que se trate"*.

En consecuencia, *"a fortiori, es contraria a los citados objetivos la existencia de una obligación de la administración fiscal, con el fin de determinar si una operación concreta constituye una entrega efectuada por un sujeto pasivo que actúa como tal y una actividad económica, de tomar en consideración la intención de un operador diferente del sujeto pasivo afectado que interviene en la misma cadena de entregas y/o el posible carácter fraudulento, del que dicho sujeto pasivo no tenía conocimiento ni podía tenerlo, de otra operación que forma parte de esa cadena, anterior o posterior a la operación realizada por el referido sujeto pasivo"* (Vid, entre otras muchas, la Sentencia de 26 de junio de 2003, MKG-Kraftfahrzeuge-Factoring, C-305/01, la Sentencia de 12 de enero de 2006, Optigen y otros, C-354/03, C-355/03 y C-484/03, o la Sentencia de 6 de abril de 1995, BLP Group (C-4/94).

Recordemos, en fin, que este es también el criterio de la DGT en su informe de 5 de marzo de 2007 *"sobre deducibilidad fiscal en el impuesto sobre sociedades de las cantidades pagadas presuntamente de forma ilícita a funcionarios públicos extranjeros"*.

1.4. El criterio de la doctrina científica

Muy poca es la doctrina científica que hasta hoy se ha pronunciado expresamente al respecto.

Sí lo ha hecho vinculada a la retribución de los administradores, opiniones, no obstante, que veremos en otro capítulo.

Ahora nos centraremos en la de aquellos autores que se han pronunciado con relación al art. 15.f) de la Ley 27/2014 al margen, pues, de la cuestión concreta de la retribución de los administradores.

En opinión de García Gómez, *"la norma está pensada en la realización de actuaciones ilícitas, prohibidas o contrarias a Derecho, cuyos gastos, los generados por aquellas, no pueden beneficiarse de la deducción en la base imponible del IS"* ([51]).

51 García Gómez, Antonio J. *"Fiscalidad de la retribución de los administradores sociales..."*. Ob. Cit. Pág. 412.

Más preciso es Pedreño López, para quien la norma *"va dirigida a la no deducibilidad del gasto por conductas prohibidas o delictivas, tales como las transacciones realizadas sobre drogas prohibidas, los pagos de sobornos o los gastos derivados de la comercialización de coches robados"* ([52]).

Esto es así, prosigue, *"porque los principios de capacidad económica, igualdad y de calificación tributaria justifica la deducción del gasto que contravenga el ordenamiento jurídico"*. De no ser así, apunta, *"observaríamos un abuso de imposición dado que el gasto no es deducible y su ingreso correlacionado tributa"* ([53]).

Ahora bien, concluye, *"cuando los gastos ilícitos vienen asociados a actuaciones con carácter delictivo o constitutiva de conductas prohibidas tajantemente aquí encontramos el sentido y la interpretación del artículo 15.f) de la LIS de 2015"* ([54]).

De hecho, pues, para este último autor, las actuaciones contrarias al ordenamiento jurídico son, también, aquellas a las que este último sanciona con su nulidad.

En el resto de los casos, se trata, sin más, de aplicar correctamente el art. 13 de la LGT, esto es, de gravar el hecho, acto, y/o negocio prescindiendo de los defectos que puedan afectar a su validez; gravamen que afecta tanto a su tributación como ingreso o como gasto.

Precisamente por ello, es un verdadero despropósito negar la deducción como gasto en el IS y pretender su tributación como ingreso en el IRPF del administrador.

Si la retribución del administrador surte efectos jurídicos en el ámbito del IRPF, es obvio que también los tiene en el del IS.

La realidad *"fáctica"* objeto de gravamen es la retribución satisfecha al administrador en el marco de una prestación de servicios que nadie cuestiona.

Prestación que, bajo apariencia de legalidad, y sin perjuicio de los vicios que afectan a su validez o licitud, es la que hay que gravar.

Cuestión distinta es que el acto y/o negocio realizado fuera nulo de pleno derecho, circunstancia que obligaría a excluir su tributación como ingreso y como gasto; supuesto, recordemos, en el que el principio de capacidad económica es ajeno.

Por el contrario, y en el resto de los casos, este último y, su materialización concreta a través del principio de calificación, obliga a calificar la retribución en el IS, como gasto, y, en el IRPF, como ingreso.

Y hasta aquí, la doctrina científica.

Recapitulemos.

---

52 Pedreño López, Carles. *El tratamiento jurídico-fiscal de la remuneración de los administradores*, Editorial THOMSON REUTERS. Aranzadi. Pamplona. 2018. Pág. 197.

53 Pedreño López, Carles. *"El tratamiento jurídico-fiscal de la remuneración..."*. Pág. 198.

54 Pedreño López, Carles. *"El tratamiento jurídico-fiscal de la remuneración..."*. Pág. 198.

1.5. Recapitulación y conclusión: compatibilidad entre el principio de calificación y el art. 15.f) de la Ley 27/2014

Hemos dicho que, en nuestra opinión, los gastos de actuaciones contrarias al ordenamiento jurídico a que el art. 15 f) se refiere, son aquellos que proceden de actividades radicalmente prohibidas, entendiendo, como tales, los actos y/o negocios radicalmente nulos.

Hemos subrayado también la importancia de que la ilicitud se refiere al gasto *"en sí mismo"*, esto es, que no se trata de gastos lícitos asociados a una actuación ilícita, sino de gastos que, en sí mismos, son ilícitos.

Hemos visto igualmente que ésta es también la interpretación más razonable que se desprende de la doctrina de la DGT, de la del TJUE, y de la doctrina científica.

Y hemos comentado también que el criterio que subyace realmente en la fundamentación que el TS utiliza para rechazar la deducibilidad de los gastos contrarios al ordenamiento, es la imposibilidad de admitir como deducible un gasto *"ilícito"*; imposibilidad, eso sí, que se vincula a los únicos conceptos que la norma permite: no necesariedad, liberalidad, o falta de correlación con los ingresos.

¿Y cuál es la conclusión?

La que ya hemos avanzado: los gastos contrarios al ordenamiento jurídico son los que proceden de actuaciones radicalmente prohibidas, entendiendo como tales las que el derecho sanciona con su nulidad absoluta o radical.

En el resto de los casos, esto es, aquellos para los que el derecho no prevé expresamente su nulidad absoluta, el precepto que inexorablemente es de aplicación, es el art. 13 de la LGT.

Desde esta perspectiva, el principio de calificación, y, en particular, el de irrelevancia de los vicios que afectan a la validez de un acto y/o negocio, es perfectamente compatible con el concepto de gasto de actuaciones contrarias al ordenamiento jurídico.

Mientras el art. 13 de la LGT se aplica en los casos de apariencia de legalidad, el art. 15.f) de la Ley 27/2014 se aplica tan solo a los casos de actuaciones radicalmente prohibidas.

Mientras el art. 13 de la LGT se aplica a los actos y/o negocios con eficacia jurídica, el art. 15.f) de la Ley 27/2014 se aplica a los actos y/o negocios que para el derecho no existen.

La interpretación que proponemos es además respetuosa y coherente con el principio de capacidad económica, ya que mientras en los casos de nulidad absoluta ésta no incide, en el resto de los casos, sí. Riqueza, claro está, que desaparece en el caso de que, con posteridad a realizarse el acto y/o negocio, éste se declare judicialmente nulo.

Interpretación que es también respetuosa con la presunción de veracidad de los actos y/o negocios, o, mejor, con su apariencia de legalidad, y con los principios de igualdad, generalidad, prohibición del *"non bis in ídem"*, y de ausencia de finalidad sancionadora de los tributos.

En definitiva, pues, la interpretación que proponemos vincula el gasto de actuaciones contrarias al ordenamiento jurídico, a los actos y/o negocios previstos en los arts. 6.3 y 1.275 del CC, esto es, a los contrarios a las normas imperativas y a las prohibitivas, a los que el derecho sanciona con su nulidad absoluta, y a los negocios con causa ilícita.

Tal interpretación obliga por tanto a distinguir entre actos y/o negocios a los que el derecho sanciona con su nulidad absoluta, y actos y/o negocios a los que el derecho no sanciona con su nulidad; distinción que nos obliga, pues, a analizar en cada caso la reacción que el derecho prevé para el incumplimiento de una norma imperativa y prohibitiva.

En consecuencia, no toda actuación contraria al ordenamiento jurídico es objeto de reproche tributario sino, tan solo, aquélla cuya ilicitud se vincula a su nulidad, esto es, a su *"invalidez"*.

Detengámonos ahora en profundizar un poco más sobre ambas cuestiones.

2. Los gastos de actuaciones contrarias al ordenamiento jurídico, como sinónimo de actuaciones radicalmente prohibidas

Hemos concluido que los gastos de actuaciones contrarias al ordenamiento jurídico, son los que corresponden a actuaciones radicalmente prohibidas.

Por su parte, también hemos concluido que las actuaciones radicalmente prohibidas son aquellas cuya realización el Derecho sanciona con su nulidad *"ab initio"*, esto es, con su *"ineficacia jurídica"* o *"invalidez"*.

Tales conclusiones nos obligan a profundizar un poco más sobre la relación entre contrariedad a Derecho e invalidez, y sobre la diferencia entre actos y/o negocios nulos de pleno derecho, y actos y/o negocios anulables.

Vayamos por partes.

2.1. La relación entre contrariedad a Derecho e invalidez

Quien con mayor detalle ha tratado tal vez esta cuestión, desde la perspectiva tributaria, es PUEBLA AGRAMUNT.

En su opinión, *"existe una íntima relación entre lo ilícito y lo inválido, de forma que la salida normal a algo que es contrario a Derecho es su nulidad y la cesación de sus efectos"* ([55]).

55 PUEBLA AGRAMUNT, NURIA. *"El gravamen de lo ilícito. Aplicación práctica..."*. Ob. Cit. Pág. 11.

Sin embargo, prosigue, *"no siempre la consecuencia que el Derecho quiere para la ilicitud es la sanción, la ineficacia o la invalidez de lo realizado, con la consiguiente retroacción de las cosas a su estado originario, pues a veces el Ordenamiento prefiere la conservación de lo actuado a su declaración de nulidad"* ([56]).

En consecuencia, *"un acto no será inválido si el Ordenamiento, a pesar de su ilegalidad o ilicitud, tiene interés en conservarlo"* ([57]).

Desde esta perspectiva, "*si bien toda invalidez procede de una ilegalidad, no todas las ilegalidades acarrean necesariamente la invalidez*" ([58]).

En definitiva, *"lo inválido, y, por tanto, lo ilícito, no tributa, siempre que de la ilicitud se derive la desaparición de los efectos de lo realizado"*, y *"cuando algo se grava es porque, en realidad, es válido; bien porque el Ordenamiento lo consiente, convalida o conserva, bien porque no se ha demostrado que proceda del delito y por tanto es lícito"* ([59]).

Para Puebla Agramunt, el art. 13 de la LGT *"solo habla de gravar negocios con vicios que pudieran afectar a su validez, no de gravar negocios evidentemente nulos"* ([60]).

Pues bien; si los gastos de actuaciones contrarias al ordenamiento jurídico son los actos y/o negocios a los que el derecho sanciona con su nulidad radical, hay que admitir, como ya hemos dicho, que tales actos y/o negocios carecen *"ab initio"* de efectos jurídicos y, por tanto, que se trata de actos y/o negocios que el derecho no quiere conservar.

Desde esta perspectiva, lo *"ilícito"* se asocia a lo *"inválido"*.

Si el art. 13 de la LGT se aplica tan solo a las obligaciones que el derecho quiere conservar, los supuestos a los que éste se aplica son a los actos y/o negocios que, a pesar de la existencia de vicios de licitud, el derecho no los sanciona con su *"invalidez"* absoluta.

Actos y/o negocios, además, que el ordenamiento jurídico prohíbe de forma objetiva, expresa y absoluta.

Así, por ejemplo, un acto radicalmente prohibido es el cohecho, en la medida que se trata de una conducta que, bajo ningún concepto ni requisitos, está permitida.

Lo mismo ocurre, por ejemplo, con el consumo y tráfico de drogas no autorizadas.

Por el contrario, construir una urbanización sin cumplir con los requisitos que la norma impone, no se sanciona con su nulidad radical sino con una infracción administrativa y, a lo sumo, con su posible anulabilidad.

---

56 Puebla Agramunt, Nuria. *"El gravamen de lo ilícito. Aplicación práctica..."*. Ob. Cit. Pág. 11.

57 Puebla Agramunt, Nuria. *"El gravamen de lo ilícito. Aplicación práctica..."*. Ob. Cit. Pág. 11.

58 Puebla Agramunt, Nuria. *"El gravamen de lo ilícito. Aplicación práctica..."*. Ob. Cit. Pág. 12.

59 Puebla Agramunt, Nuria. *"El gravamen de lo ilícito. Aplicación práctica..."*. Ob. Cit. Pág. 14.

60 Puebla Agramunt, Nuria. *"El gravamen de lo ilícito. Aplicación práctica..."*. Ob. Cit. Pág. 14.

Por tanto, un acto radicalmente prohibido es aquél que bajo ningún concepto está permitido y que *"ab initio"* se sanciona con su *"invalidez"*.

Un acto radicalmente prohibido no es, por tanto, cualquier incumplimiento de la norma, sino, tan solo, el de aquélla que, de forma radical, objetiva, y absoluta, prohíbe la realización de determinados actos y negocios y al que el ordenamiento sanciona con su nulidad radical.

Es cierto, no obstante, que la letra f) del art. 15 de la Ley 27/2014, habla de gastos de *"actuaciones contrarias al ordenamiento jurídico"*, esto es, y en una interpretación estrictamente literal, de actuaciones sin más contrarias a la ley.

Y es cierto, también, que la interpretación que proponemos vincula esa ilegalidad a la que conlleva la invalidez del acto y/o negocio.

La razón de tal vinculación la encontramos en el principio de capacidad económica.

En efecto; solo el acto y/o negocio nulo de pleno derecho es el que el principio de capacidad económica no puede amparar por ser ajeno al mismo.

Y no lo puede amparar, porque tales actos y/o negocios no producen ningún efecto jurídico; no existen. Quedan pues extramuros de lo tributario, o, mejor, del mundo del derecho.

Aplicar el art. 15.f) de la Ley 27/2014 a todos los actos contrarios al ordenamiento, es atribuir al sistema tributario una finalidad extrafiscal que no le corresponde, además de ser contrario a los principios de capacidad económica, generalidad, igualdad, y prohibición del *"non bis in ídem"*.

No podemos pues compartir el criterio jurisprudencial de que *"repugna al principio de Justicia, consagrado en el art. 1 de la CE, que el autor de un acto contrario al ordenamiento jurídico obtenga un beneficio o ventaja del mismo"*.

Y no lo compartimos porque ignora la existencia del art. 13 de la LGT y la necesidad de distinguir entre actos contrarios nulos y anulables.

El principio de calificación obliga, en fin, a tratar de forma igual una misma realidad *"objetiva"*, prescindiendo de los vicios que afectan a su validez.

Mientras la nulidad radical es la excepción, la regla general es la aplicación del principio de calificación.

En este contexto, el beneficio o la ventaja a la que el TS alude, solo se produce si se admite la deducción como gasto de un acto radicalmente prohibido; ventaja que, efectivamente, pone en mejor condición a quien incumple respecto a quien cumple.

Solo, pues, los actos excluidos del art. 13 son los que caen en la órbita de aplicación del art. 15 f) de la Ley 27/2014, actos, insistimos una vez más, que son aquéllos a los que el ordenamiento sanciona con su nulidad radical; aquéllos que *"ab initio"* carecen de efectos. Aquéllos, en definitiva, en los que la contrariedad a Derecho conlleva su *"invalidez"*.

2.2. La nulidad absoluta y la exigencia de una "contradicción directa" frente al mero incumplimiento de la norma

Otra cuestión de suma importancia es que el mero incumplimiento de una norma imperativa o prohibitiva, no es suficiente para considerar nulo el acto y/o negocio realizado.

En efecto; la nulidad absoluta requiere lo que el TS denomina una *"contradicción directa"* entre la finalidad que la norma que se incumple persigue y el acto y/o negocio realizado o ejecutado.

En este sentido, tanto doctrina como jurisprudencia coinciden en que *"no basta la disconformidad con la norma o el incumplimiento de la misma, sino que es precisa la contradicción directa, es decir, que el acto jurídico sea contrario a lo que ordena la norma imperativa o prohíbe la norma prohibitiva. Si el acto jurídico incumple la ley o es disconforme con ella (pero no se dan los dos elementos expuestos: tratarse de una norma imperativa o prohibitiva, y contradicción directa) puede tener otra sanción, distinta de la nulidad: simple ineficacia, o indemnización"* ([61]).

Este elemento de *"contradicción directa"* ha sido también objeto de atención por parte del TS.

Así, por ejemplo, en su Sentencia de 9 de marzo de 2000 ([62]), señala que *"la nulidad de pleno derecho requiere una contravención de la norma, **una contradicción entre lo en ella dispuesto y el acto ejecutado**, y la doctrina jurisprudencial es constante en esta dirección encomendando al juzgador la tarea hasta cierto punto discrecional, de **realizar con extrema prudencia, el declarar la nulidad del acto si la finalidad de la Ley y la del acto se contradicen**, después de examinar la naturaleza, móviles, circunstancias y efectos previsibles del mismo. Y en el anterior sentido, se afirma en la sentencia de esta Sala de 26 de junio de 1982, que recoge doctrina pacífica y constante, cuando en ella se dice que a **la nulidad absoluta se podrá acceder en cualquiera de los casos siguientes: a) que exista un precepto específico de la ley que imponga la nulidad "per se" del acto; b) que para la validez del acto la ley exija requisitos esenciales y falte alguno de ellos, y c) cuando la materia, objeto y finalidad del acto implique un fraude de ley, sean atentatorios a la moral o supongan un daño o peligro para el orden público**"*.

Por su parte, la Sentencia de 18 de enero de 2001 ([63]), señala que *"el negocio jurídico cuya nulidad se postula para estar afectado por la misma debe representar*

---

61 *Compendio de Derecho Civil. Tomo I. Lección 1.* https://www.cerasa.es/media/areces/files/book-attachment-2072.pdf. Pág. 42

62 STS 1897/2000 de 9 de marzo de 2000, n° recurso 601/1995.

63 STS 187/2001 de 18 de enero de 2001, n° recurso 3757/1995.

un acto jurídico ineficaz de pleno derecho, conforme al artículo 6.3 del Código civil, no afectando a aquellos no infractores de vicio o no infractores de un precepto imperativo claro y terminante (sentencias de 11-3-1965, 8-3-1994 y 20-6-1996) y ***mucho menos respecto a los actos o negocios cuya apariencia jurídica correcta los hace merecedores del debido respeto mientras no se impugnan por quienes están legitimados para ello*** *(sentencias de 15-10-1957, 6-5-1970, 15-12-1993 y 20-6-1996),* ***siendo así que la nulidad es perpetua e insubsanable***".

Por último, la Sentencia de 18 de junio de 2002 ([64]), señala que *"esta Sala tiene declarado, con relación al alcance del artículo 6.3 del Código civil, que el precepto se limita a formular un principio jurídico de gran generalidad que* ***debe ser interpretado no con criterio rígido, sino flexible, por lo que no cabe admitir que toda disconformidad con una Ley cualquiera haya de llevar siempre consigo la sanción extrema de nulidad****, y que el artículo 6.3 no puede aplicarse indiscriminadamente como determinante de la nulidad, sino que* ***ha lugar a clasificarlos actos contrarios a la ley en tres distintos grupos: 1) aquellos cuya nulidad se funda en un precepto específico y terminante de la Ley que así lo imponga, siendo obvio que la nulidad ha de decretarse entonces, incluso de oficio; 2) actos contrarios a la Ley, en los que ésta ordene, a pesar de ello, su validez, la cual, en cuyo caso, se reconocerá a estos actos "contra legem", y 3) actos que contraríen o falten a algún precepto legal, sin que éste formule declaración alguna expresa sobre su nulidad o validez, respecto a los cuales el juzgador debe extremar su prudencia****, tras analizarla índole y finalidad de la norma legal contrariada y la naturaleza, móviles, circunstancias y efectos previsibles de los actos realizados, para concluir con la declaración de la validez del acto, pese a la infracción legal, si la levedad del caso así o permite o aconseja, o la sanción de la nulidad si concurren trascendentales razones que patenticen al acto como gravemente contrario a la Ley, la moral o el orden público (SS. T.S. de 28 de julio de 1986, 17 de octubre de 1987 y 29 de octubre de 1990)".*

En este contexto, DE CASTRO, resume con acierto la jurisprudencia, al señalar que ésta *"exhorta a la prudencia y moderación de los tribunales (al) declarar la nulidad total (...) pues la sanción de nulidad debe reservarse para los casos en que concurran trascendentales razones que hagan patente el carácter del acto gravemente contrario a la ley, la moral o el orden público (SSTS 25 de septiembre de 2006)"* ([65]).

En definitiva, y reiterando lo ya dicho, no basta con el incumplimiento de la norma, sino que es necesaria la *"contradicción directa"*, es decir, que el acto jurídico sea contrario a lo que ordena la norma imperativa o prohíbe la norma prohibitiva; circunstancia que obliga a analizar caso por caso y que, como veremos después, guarda una estrecha vinculación con el criterio jurisprudencial del *"abuso de formalidad"* que el TS mantiene con relación a la retribución de los administradores.

---

64 STS 4489/2002 de 18 de junio de 2002, nº recurso 48/1997.

65 DE CASTRO, FEDERICO. "Derecho civil de España". Tomo I. 3ª Edición. Madrid, 1.955. Págs. 602 y sigs.

Y ello, porque la nulidad absoluta es, por sus efectos, la excepción.

Así, por ejemplo, y con relación a la nulidad absoluta por vulneración de norma imperativa o prohibitiva, la Sentencia del TS, de 10 de abril de 2007 ([66]), señala que "***cuando el acto contraría o falta a algún precepto legal (pero respecto de él no se ordena mantener su validez o no se establece específicamente su nulidad) el juzgador debe analizar la índole y finalidad de la norma legal contrariada y la naturaleza, móviles, circunstancias y efectos previsibles de los actos realizados, para concluir con la declaración de la validez del acto contrario a la ley si la levedad del caso lo permite, reservando la sanción de nulidad para los supuestos en que concurran trascendentales razones que hagan patente el carácter del acto gravemente contrario a la ley, la moral o el orden público***".

Y ello, porque la "***declaración de nulidad no puede tener un carácter desproporcionado en relación con el objeto de la norma que trata de salvaguardarse frente al arbitrio individual mediante tan extremada sanción, especialmente en aquellos casos en los cuales, aun existiendo una contravención, no puede establecerse la existencia de una oposición radical entre el acto celebrado y la finalidad del precepto, pues no toda disconformidad del acto con la norma comporta la sanción de nulidad***".

Nótese pues que el TS reserva la sanción de nulidad para los supuestos en los que concurren trascendentales razones que hagan patente el carácter del acto gravemente contrario a la ley, la moral o el orden público.

La declaración de nulidad no puede ser pues desproporcionada en relación con la finalidad de la norma que trata de salvaguardarse.

Desde esta perspectiva, y una vez más, hay que afirmar que mientras la presunción de veracidad es la regla general, la nulidad radical es la excepción.

Ceñido a nuestro ámbito, esto significa que mientras el art. 13 de la LGT es la regla general, el art. 15.f) es la excepción.

En este contexto, es obvio que el art. 15.f) de la Ley 27/2014 no excepciona en modo alguno el art. 13 de la LGT. Al contrario. Le da un mayor sentido.

En definitiva, pues, la nulidad exige extrema prudencia en su aplicación, esto es, que existan razones que hagan patente el carácter del acto gravemente contrario a la ley, la moral o el orden público, y una contradicción entre la finalidad de la norma incumplida y la del acto y/o negocio realizado.

Por su parte, si la nulidad se ha de reservar para los actos gravemente contrarios a la ley, la moral o el orden público, es obvio, también, que aquélla se ha de vincular a los actos y/o negocios radicalmente prohibidos.

De ahí, precisamente, que se trate de conductas *"objetivas"* y radicalmente nulas; esto es, de actos cuya prohibición es general.

---

66 STS 3402/2007 de 10 de abril de 2007, nº recurso 2028/2000.

De cuanto antecede, se podría concluir que el ámbito de aplicación del art. 15.f) se limita a las normas de carácter prohibitivo a las que el derecho sanciona con su nulidad, además, claro está, de los negocios con causa ilícita.

Sin embargo, y aunque en la práctica éste sea el resultado más habitual, no hay que olvidar que el incumplimiento de normas imperativas también se sanciona en ocasiones con su nulidad.

Por tanto, y en aplicación del principio de unidad del ordenamiento, el tratamiento de todo incumplimiento sancionado con su nulidad ha de ser homogéneo y uniforme.

2.3. El incumplimiento de normas imperativas o prohibitivas al que el derecho no sanciona con su nulidad: ejemplos

Recordemos, una vez más, que el art. 6.3 del CC establece que *"los actos contrarios a las normas imperativas y a las prohibitivas son nulos de pleno derecho,* ***salvo que en ellas se establezca un efecto distinto para el caso de contravención".***

Recordemos, también, que, si el derecho no sanciona el incumplimiento de normas imperativas con su nulidad, sino que permite su eficacia, no estamos en presencia de gastos de actuaciones contrarias al ordenamiento jurídico.

En este sentido, hay que subrayar que una inmensa mayoría de actos contrarios a normas imperativas no se sancionan con su nulidad absoluta, sino con meras infracciones administrativas de tipo económico.

Esto significa que el acto y/o negocio realizado no es "inválido" surtiendo, pues, plenos efectos jurídicos.

En este contexto, y como ya hemos dicho antes, es determinante conocer en cada caso la reacción que el derecho prevé para tales incumplimientos ya que, tan solo aquellos a los que aquél sanciona expresamente con su nulidad radical, son susceptibles de integrar el presupuesto de hecho del art. 15. f) de la Ley 27/2014.

Veamos algunos ejemplos.

Empecemos con el Estatuto de los Trabajadores (en adelante, ET).

El art. 26.1, segundo párrafo, del Texto Refundido de la Ley del ET, establece que en ningún caso *"el salario en especie podrá superar el treinta por ciento de las percepciones salariales del trabajador"*.

Satisfacer pues en especie un porcentaje superior, es contrario al ordenamiento jurídico.

A pesar de ello, es obvio que en tales casos estamos en presencia de un *"gasto"* radicalmente prohibido.

Pero, además, el art. 9.1, segundo párrafo, del ET, relativo a la validez del contrato, señala que *"si el trabajador tuviera asignadas condiciones o retribuciones especiales en virtud de contraprestaciones establecidas en la parte no válida del contrato, el órgano de la jurisdicción social que a instancia de parte declare la* ***nulidad hará el debido pronunciamiento sobre la subsistencia o supresión en todo o en parte de dichas condiciones o retribuciones****"*.

En este contexto, el art. 9.2 establece que *"en caso de que el contrato resultase nulo,* ***el trabajador podrá exigir, por el trabajo que ya hubiese prestado, la remuneración consiguiente a un contrato válido****"*.

En consecuencia, la norma de referencia no sanciona tal incumplimiento con la nulidad radical del pacto en concreto.

Este es también el criterio de algunos de los TSJ que se han pronunciado hasta hoy al respecto.

Así, por ejemplo, la Sentencia del TSJ de Murcia, de 27 de febrero de 2006 ([67]), señala que el límite previsto en el art. 26.1 del ET *"no puede perjudicar al trabajador si la fijación de los salarios en especie excede de ese límite sin el concurso del mismo y derivada de la simple valoración de dichos salarios, ajena al trabajador, teniendo declarado esta Sala en sentencia de 23 de febrero de 2004 (...) que "cualquier pacto o convenio que altere tal disposición es nulo, debiendo limitarse la percepción en especie en el sentido indicado por la norma, ahora bien, aun cuando tal pacto fuese nulo, ello no puede suponer negarle todo efecto al mismo, pues si el empresario no ha abonado al trabajador la manutención y alojamiento en determinados meses, ello no puede llevarnos a la aplicación automática de dicho límite en perjuicio del trabajador que ha estado contratado durante ese período y tiene derecho al salario en especie, por lo que la cantidad que excede de ese límite se integra dentro de la remuneración pactada como si de una cláusula válida se tratase, de conformidad con el artículo 9.2 del Estatuto de los Trabajadores"*.

Estamos pues en presencia de un contrato con apariencia de legalidad al que le resulta de aplicación el art. 13 de la LGT.

Retribuir en especie no es, además, un acto radicalmente prohibido con carácter general y absoluto.

Lo prohibido es superar el límite del 30 %.

En consecuencia, la retribución, en sí misma, es plenamente lícita.

La empresa, además, se ha obligado contractualmente a satisfacer en especie determinados conceptos que, sin perjuicio de su valoración *"fiscal"*, son exigibles por parte del trabajador.

Puede incluso ocurrir que tal exceso obedezca a un mero error y, en definitiva, a un vicio subsanable.

Sea como fuere, no se puede olvidar que el propio art. 9.2 del ET establece que *"en caso de que el contrato resultase nulo,* ***el trabajador podrá exigir, por el trabajo que ya hubiese prestado, la remuneración consiguiente a un contrato válido****"*.

---

67 STSJ MURCIA 201/2006 de 27 de febrero de 2006, nº recurso 5/2006.

La propia norma nos da, pues, la solución.

Sin embargo, y dada la dicción literal y abierta del art. 15.f) de la Ley 27/2014, hay quienes piensan lo contrario ([68]).

Y de ahí, precisamente, el peligro que entraña la utilización de conceptos jurídicos indeterminados en perjuicio de la seguridad jurídica y promoviendo la conflictividad.

Centrémonos ahora en la ejecución de una obra de construcción sin estar en posesión de la correspondiente licencia.

Como sabemos, toda obra mayor, y con carácter general, exige solicitar la correspondiente licencia o autorización administrativa.

En consecuencia, el incumplimiento de tal obligación es un acto contrario al ordenamiento.

Se trata, en definitiva, del incumplimiento de una norma imperativa frente al que el derecho no reacciona con la nulidad radical del acto, sino con una infracción administrativa.

Dicho de otra forma, la ejecución de una obra sin autorización o licencia no conlleva su nulidad radical.

Detengámonos brevemente en ello.

Ante todo, conviene recordar que el art. 100 del Real Decreto Legislativo 2/2004, de 5 de marzo, por el que se aprueba el texto refundido de la Ley Reguladora de las Haciendas Locales, establece que el hecho imponible del Impuesto sobre Construcciones, Instalaciones y Obras *"está constituido por la realización (...) de cualquier construcción, instalación u obra para la que se exija obtención de la correspondiente licencia de obras o urbanística,* ***se haya obtenido o no dicha licencia****, o para la que se exija presentación de declaración responsable o comunicación previa, siempre que la expedición de la licencia o la actividad de control corresponda al ayuntamiento de la imposición"*.

Nótese, pues, que el propio impuesto grava la realización de cualquier construcción, se haya obtenido o no la licencia; precepto que refleja, de hecho, el principio de irrelevancia fiscal de los vicios que pueden afectar a la validez de los actos y/o negocios a que el art. 13 de la LGT se refiere.

Pero, además, la sanción que el derecho administrativo contempla por su incumplimiento no es la nulidad radical, sino una infracción económica, que, eso sí, puede ir acompañada del restablecimiento de la legalidad urbanística; cuestión, sin embargo, que no significa la nulidad radical del acto, sino, en todo caso, su posible anulabilidad.

Anulabilidad y nulidad no son, recordémoslo, conceptos sinónimos. La anulabilidad tiene efectos *"ex tunc"*, esto es, retroactivos, pero no *"ab initio"*. Esto significa que el acto y/o negocio realizado surge efectos jurídicos hasta su declaración de nulidad.

---

68 Vid, al respecto, DOMINGO CARBAJO. "Gastos no deducibles y gastos por actuaciones contrarias al Ordenamiento Jurídico". VLex. 9 de octubre de 2020. Pág. 6.

Retomando nuestro ejemplo, veámoslo tomando como referencia la vigente normativa del Ayuntamiento de Madrid.

El art. 151.1 de la Ley 9/2001, de 17 de julio, del Suelo, de la Comunidad de Madrid, establece que *"están sujetos a licencia urbanística, (...) todos los actos de uso del suelo, construcción y edificación para la implantación y el desarrollo de actividades"*.

El incumplimiento de dicha obligación conlleva, tan solo, la suspensión temporal de la obra (art. 193) y la solicitud de la correspondiente licencia (art. 194).

En consecuencia, y sin perjuicio de la sanción administrativa que proceda (arts. 201 y sigs.), la norma prevé la subsanación de dicho incumplimiento (art. 194).

Es cierto que, como consecuencia de la solicitud que se plantee, ésta se puede denegar con la consiguiente demolición de las obras a costa del interesado (art. 194.1).

Tal demolición, sin embargo, no tiene su origen en la nulidad radical de las obras realizadas sin autorización, sino en los efectos retroactivos que la denegación de la solicitud tiene.

Lo mismo ocurre con las obras ya finalizadas y que se han ejecutado sin la preceptiva autorización (art. 195); supuesto, además, sujeto a un plazo de prescripción de cuatro años (art. 195.1) que, superado el mismo, prescribe el derecho de la Administración para ejercitar cualquiera de sus derechos.

Es obvio, pues, que no estamos tampoco ante un supuesto de nulidad radical que, recordemos, es imprescriptible.

Lo mismo ocurre con los actos de edificación o usos del suelo iniciados, cuando su contenido constituya manifiestamente una infracción urbanística grave o muy grave, supuestos que pueden conllevar a que el Tribunal de la Jurisdicción Contencioso-Administrativa dicte sentencia anulando la licencia (arts. 197 y 198).

También en este caso estamos ante un supuesto de anulabilidad, y no de nulidad radical.

Tales actos, y sin perjuicio de la rectificación que consecuencia de su nulidad proceda realizar de las autoliquidaciones presentadas en su día, no están incluidos en el presupuesto de hecho del art. 15 f) de la Ley 27/2014.

Y de estarlo, es obvio también que no estamos en presencia de un gasto que, en sí mismo, es ilícito, sino ante un gasto *"lícito"* vinculado a un acto contrario al ordenamiento jurídico.

En efecto; es obvio que la actividad de construcción es objetivamente lícita y que los gastos vinculados a la misma son sin duda deducibles.

Pero veamos ejemplos más mundanos.

El art. 227 de la Ley 9/2001, prevé una multa pecuniaria en los casos de colocación de carteles de publicidad sin licencia.

Se trata, también, de un acto contrario al ordenamiento.

No estamos, eso sí, ante una prohibición absoluta u objetiva.

A pesar de que se trata de un acto contrario a una norma imperativa, la reacción del ordenamiento ante su contravención es tan solo la imposición de una sanción económica.

El gasto de colocación de carteles de publicidad sin licencia no es, por tanto, un acto frente al que el ordenamiento reaccione con su nulidad.

Se trata, por tanto, de un concepto que queda también excluido del presupuesto de hecho del art. 15 f) de la Ley 27/2014.

En todas las diferentes normas de nuestro ordenamiento encontraremos supuestos similares, por ejemplo, y entre otras muchas, en la Ley Orgánica de Protección de Datos Personales y Garantía de los Derechos Digitales, la Ley de Competencia Desleal, la Ley General de Publicidad, la Ley de Secretos Profesionales, o la Ley de Cooperativas.

Veamos dos ejemplos más.

El primero, con relación a la ley del medicamento, o, mejor, a la ley de garantías y uso racional de los medicamentos y productos sanitarios.

El art. 4.6 de la Ley 1/2015, de 24 de julio, establece que *"a efectos de garantizar la independencia de las decisiones relacionadas con la prescripción, dispensación, y administración de medicamentos respecto de intereses comerciales* ***se prohíbe*** *el ofrecimiento directo o indirecto de cualquier tipo de incentivo, bonificaciones, descuentos, primas u obsequios, por parte de quien tenga intereses directos o indirectos en la producción, fabricación y comercialización de medicamentos a los profesionales sanitarios implicados en el ciclo de prescripción, dispensación y administración de medicamentos o a sus parientes y personas de convivencia"*.

Por su parte, el art. 111.2.b), 27ª, de la Ley, califica como infracción grave *"ofrecer directa o indirectamente cualquier tipo de incentivo, bonificaciones, descuentos prohibidos, primas u obsequios, efectuados por quien tenga intereses directos o indirectos en la producción, fabricación y comercialización de medicamentos, a los profesionales sanitarios, con motivo de la prescripción, dispensación y administración de los mismos, o a sus parientes y personas de su convivencia"*.

Su art. 114.1 establece, así mismo, que *"las infracciones en materia de medicamentos serán sancionadas con multa, (...) aplicando una graduación de mínimo, medio y máximo a cada nivel de infracción, en función de la negligencia e intencionalidad del sujeto infractor, fraude, connivencia, incumplimiento de las advertencias previas, cifra de negocios de la empresa, número de personas afectadas, perjuicio causado, beneficios obtenidos a causa de la infracción, permanencia o transitoriedad de los riesgos y reincidencia por comisión en el término de un año de más de una infracción de la misma naturaleza cuando así haya sido declarado por resolución firme"*.

Además, su art. 114. 2 prevé que *"sin perjuicio de la multa que proceda imponer (...), las infracciones en materia de medicamentos serán sancionadas con el comiso, en favor del Tesoro Público, del beneficio ilícito obtenido como consecuencia de la perpetración de la infracción. La resolución de la Administración determinará a estos efectos la cuantía del beneficio ilícito obtenido"*.

Por último, su art. 116. 1 señala que las infracciones graves prescribirán *"a los dos años"*; plazo en el que prescribirán igualmente las sanciones.

En consecuencia, si bien es cierto que la norma prohíbe determinada conducta, no lo es menos que la norma la sanciona con una multa pecuniaria, manteniendo pues la validez y eficacia de la misma.

No hay duda de que la interpretación que proponemos del art. 15 f) de la Ley 27/2014 puede sorprender.

Es por ello importante explicar bien su justificación.

En efecto; solo se puede negar la deducción de un gasto en el caso de que ésta no contradiga el principio de capacidad económica, requisito que solo ocurre cuando el acto y/o negocio realizado no existe.

Es cierto que el legislador es soberano. Pero también lo es que las normas hay que interpretarlas en el contexto de los principios generales que informan nuestro ordenamiento.

Y veamos nuestro último ejemplo. La retribución de los administradores.

Anticipamos, ya, que no vamos a extendernos ahora al respecto, sino a hacer, tan solo, un breve apunte en la línea de los comentarios que nos preceden.

Como ya sabemos, el art. 217.1 de la LSC establece que *"el cargo de administrador es gratuito, a menos que los estatutos sociales establezcan lo contrario determinando el sistema de remuneración"*.

Estamos, sin duda, ante una norma imperativa, cuyo incumplimiento permite el ejercicio de una acción social o individual de responsabilidad (arts. 238 y 241, respectivamente), siempre que no haya transcurrido el plazo de prescripción de 4 años (art. 241. bis).

Por su parte, la DGRN, en su Resolución de 4 de julio de 2016, señala que *"es criterio general que la novedad más relevante de (la) reforma es haber eliminado la distinción entre acuerdos nulos y anulables, por entenderse que esta distinción resultaba extraña a las categorías correspondientes en la teoría del negocio jurídico, superándose así una distinción tradicional, de modo que ahora solo hay acuerdos impugnables y para todos el plazo de caducidad ha quedado fijado en un año, con una única salvedad respecto de los acuerdos contrarios al orden público, que ni caducan ni prescriben"*.

Dicho lo anterior, hay que subrayar que la norma no prohíbe retribuir a los administradores, sino que obliga, en su caso, a que tal circunstancia conste en los estatutos.

En este sentido, la Sentencia de la Sala de lo Civil del TS, de fecha 31 de octubre de 2007 ([69]), señala en su fundamento de derecho segundo, ese sutil e importante matiz al afirmar que la ley *"no prohíbe la remuneración de los consejeros, sino que no consten en los estatutos la que se haya comprometido la sociedad a dar"*; circuns-

69 STS 6938/2007 de 31 de octubre de 2007, nº recurso 3915/2000.

tancia que si bien *"en los casos normales obedece a las razones ya expuestas, aquí es una mera formalidad, en tanto los de la sociedad filial han podido modificarse por la sola voluntad del accionista único plasmada en el acta"*.

En consecuencia, no solo no existe una prohibición general y absoluta de retribuir a los administradores, sino que el hecho de retribuirlos incumpliendo la obligada previsión estatutaria, requiere de un análisis caso por caso que, de concluir sobre su nulidad, producirá los efectos típicos a la *"anulabilidad"*, esto es, el acto realizado surte efectos hasta que, en su caso, adquiera firmeza la resolución judicial que declare su nulidad.

Estamos, pues, y una vez más, ante un supuesto excluido del presupuesto de hecho del art. 15 f) de la Ley 27/2014.

3. Órgano competente para declarar la ilicitud de un acto o negocio

Dado que la nulidad radical de un acto y/o negocio es la máxima sanción que nuestro derecho prevé, su aplicación ha de ser por naturaleza excepcional; cuestión que plantea una cuestión no menor, cual es la del órgano competente para su declaración.

Se trata, en definitiva, de averiguar si el acto contrario al ordenamiento requiere de un pronunciamiento judicial previo.

No cabe duda de que así es en los ilícitos de naturaleza penal.

Sin embargo, pueden existir dudas en los actos y/o negocios de otra naturaleza.

De exigirse un pronunciamiento judicial previo, la calificación de un gasto como contrario al ordenamiento jurídico, requerirá su previa declaración de nulidad por parte del órgano competente.

En nuestra opinión, la AEAT o los Órganos económicos-administrativos no tienen competencias para ello.

Su función se limita a calificar los hechos, actos o negocios *"prescindiendo de los defectos que pudieran afectar a su validez"* (art. 13 de la LGT).

No en vano, se ha señalado con acierto que *"si una norma establece prohibiciones sin que las mismas requieran pronunciamiento de algún órgano, parece evidente que la Administración tributaria negaría la deducción del gasto sin necesidad de una calificación previa"* ([70]).

Así lo ha entendido, por ejemplo, el Tribunal Superior de Justicia del País Vasco, en su Sentencia de 30 de mayo de 1997 ([71]), al señalar que *"sin que proceda admitir*

---

70 *Memento Impuesto sobre Sociedades*, 2020. Ed. Lefebvre. Marginal 722.

71 Sentencia nº 379. Nº de recurso 205/1995. Ponente, Roberto Saiz Fernández.

las objeciones que opone la Administración en cuanto al cumplimiento por parte de la entidad recurrente de las disposiciones legales en materia mercantil en relación con la validez de los actos societarios, en tanto que, de un lado, ***excede de las atribuciones propias de los órganos de gestión tributaria e, incluso, de la propia Inspección de los Tributos, y, de otro, no es materia revisable en esta sede jurisdiccional****, más aún cuando la realidad registral no ofrece indicios de irregularidad en la constitución y funcionamiento de la sociedad recurrente".*

Como afirma CAAMAÑO ANIDO *"la Administración tributaria carece de competencia para enjuiciar la legalidad mercantil y registral de los Estatutos de una sociedad, de la misma manera que carece de ella para juzgar la legalidad de la tarjeta de transporte o del certificado de capacidad profesional de un transportista –o del carnet de manipulador de alimentos de un carnicero, a título de ejemplo– que tributa en régimen de estimación objetiva, o carece de ella, también por ejemplo, como ha tenido que recordarle la Comisión Nacional del Mercado de Valores a la AEAT, para juzgar si las SICAV han sido constituidas o no con arreglo a la ley"* ([72]).

Tal conclusión es más importante, si cabe, en la medida que la Administración Tributaria y/o los Tribunales Económico-Administrativos no son competentes para dilucidar cuestiones propias de otras ramas de nuestro ordenamiento, salvo que éstas tengan un carácter incidental y sea necesario a los efectos de calificar los hechos y/o actos realizados.

En este contexto, es obvio que calificar como contrario al ordenamiento un acto de naturaleza civil, mercantil, laboral, o penal, excede de sus competencias en la medida que lo que se está de hecho dilucidando es su nulidad radical; cuestión que en absoluto se puede calificar de incidental.

Para resolver la cuestión, conviene, por su similitud, remitirnos a las denominadas cuestiones prejudiciales a las que nuestra jurisdicción contenciosa se refiere.

En este sentido, el art. 3. a) de la Ley 29/1988, de 13 de julio, reguladora de la Jurisdicción Contencioso-administrativa (en adelante, LJCA), establece que *"no corresponden al orden jurisdiccional contencioso-administrativo las cuestiones expresamente atribuidas a los órdenes jurisdiccionales civil, penal y social, aunque estén relacionadas con la actividad de la Administración pública".*

No obstante, su art. 4 prevé, en su apartado 1, que *"la competencia del orden jurisdiccional contencioso-administrativo se extiende al conocimiento y decisión de las* ***cuestiones prejudiciales incidentales no pertenecientes al orden administrativo, directamente relacionadas con un recurso contencioso-administrativo****, salvo las de carácter constitucional y penal y lo dispuesto en los Tratados internacionales"* y, en su apartado 2, que *"la decisión que se pronuncie no producirá efectos fuera del proceso en que se dicte y no vinculará al orden jurisdiccional correspondiente".*

---

72 CAAMAÑO ANIDO, MIGUEL. "La reducción del 95 (o del 99) por 100 en el ISD y la retribución de los administradores". *Quincena Fiscal*, núm. 8. Editorial Aranzadi. Navarra, 2011. Pág. 21.

En consecuencia, y sin perjuicio de que la regla general es la de que no cabe que la jurisdicción contenciosa-administrativa se pronuncie sobre cuestiones atribuidas expresamente a otros órdenes, sí puede hacerlo a efectos meramente prejudiciales, careciendo la resolución que se dicte sobre este punto de efectos de cosa juzgada, por lo que cabe acudir a la jurisdicción pertinente para obtener un pronunciamiento definitivo en la materia, que podría ser contradictorio.

Así, por ejemplo, el TS, en su Sentencia de 7 de febrero de 2005 ([73]), recuerda que la jurisdicción contenciosa-administrativa, de acuerdo con el citado art. 4, puede examinar y decidir, como cuestión prejudicial, cuándo se puede considerar que una sociedad ha cesado, como cuestión de hecho, en su actividad, en cuanto resulta indispensable para declarar la derivación de responsabilidad. No es, pues, necesaria, concluye, la intervención de la jurisdicción mercantil para la determinación de los efectos tributarios de las citadas operaciones.

Por su parte, y del análisis de la jurisprudencia, cabe concluir que para que se trate de una cuestión prejudicial es necesario que se dé el carácter de instrumental o accesoria de la principal y que no constituya *"el núcleo central del litigio"* de forma tal que, de pronunciarse al respecto la jurisdicción contencioso-administrativa, no se esté alterando una realidad jurídica.

En consecuencia, cuando la cuestión controvertida correspondiente a otro orden jurisdiccional, es fundamental para resolver sobre la pretensión principal contencioso-administrativo y, además, sea preciso, para su resolución, ir más allá de las consecuencias jurídicas atribuibles a la apariencia de legalidad de unos actos o contratos, no se podrá hablar de una cuestión prejudicial prevista en el art. 4 LJCA.

En este sentido, la Sala de lo Contencioso-administrativo de la Audiencia Nacional, en su sentencia de 26 de noviembre de 2009 ([74]), señala que "esa *equiparación, en realidad, entraña el ejercicio de la cuestión prejudicial no devolutiva (...), es decir, que la Sala resuelve, a efectos perjudiciales una cuestión de Derecho laboral que, de suyo, podría dar lugar a un proceso independiente ante los órganos de la jurisdicción social. Obviamente, esta Sala puede acometer ese enjuiciamiento, limitado a los solos efectos perjudiciales o, dicho en otras palabras, solo con el fin de determinar si procede la retención sobre la que aquí se polemiza, sin que fuera de este litigio pudiera tener valor alguno esa declaración prejudicial"*.

Y puntualiza: *"para que pudiéramos llegar a la conclusión de que el recurrente estaba sometido, de hecho, a una relación de alta dirección, superando con ello todas las apariencias contractuales, mediante ese juicio ponderativo que nos permite el artículo 4.1 LJCA,* ***habríamos de basarnos en hechos indubitados y no en meras conjeturas. De lo contrario, no solo se permitiría a la Administración hacer de juez laboral, sino que este Tribunal, si avalase tal proceder, también podría recriminarse un exceso de jurisdicción de semejante calado****"*.

73 STS 671/2005 de 7 de febrero de 2005, nº recurso 76/2003.

74 SAN 5158/2009 de 26 de noviembre de 2009, nº recurso 31/2008.

De hecho hay que recordar que, en el caso MAHOU, la empresa interpuso recurso de casación alegando, entre otros motivos, que el Tribunal excedió el ámbito de su competencia al entrar a analizar, desde la perspectiva mercantil, la valoración de los estatutos sociales y entender que no cumplían con los requisitos que, según dicha regulación, consideraba imprescindibles para su validez.

Sin embargo, en el Auto de 23 de marzo de 2009 ([75]), que resuelve el citado recurso, el TS incide en el hecho de que, en la Sentencia impugnada, no se estimó la nulidad de los estatutos por ser contrarios a la Ley de Sociedades Anónimas o al Reglamento del Registro Mercantil, ***"decisión que, sin duda, hubiera excedido de las atribuciones que nos concede la LJCA****, sino, simplemente, que su contenido no permitía afirmar que la retribución satisfecha en el ejercicio examinado por dicho concepto -y no otra– era obligatoria; requisito éste –el de la obligatoriedad–ineludible, conforme al ordenamiento tributario –el citado art. 13, en conexión con el art. 14.f), ambos de la L.I.S.– para que un determinado gasto sea deducible en la base imponible del Impuesto sobre Sociedades".*

Si trasladamos nuestro razonamiento al ámbito tributario, cabe afirmar que, tanto la AEAT como los Órganos Económico-Administrativos, son competentes para analizar cuestiones civiles, mercantiles, y/o laborales, siempre que se trate de cuestiones *"prejudiciales"*, esto es, de carácter instrumental, accesorio, o incidental de la principal, que no constituyan *"el núcleo central del litigio"* y sean necesarias para la calificación fiscal de los hechos, actos y/o negocios de que se trate.

Pero en nuestro caso, la no deducción fiscal del gasto conlleva la necesaria calificación del mismo como ilícito, esto es, como un acto inexistente para el derecho; nulo de pleno derecho; circunstancia que transforma su carácter incidental en la cuestión principal.

Si estamos en presencia de la cuestión principal de la controversia, es obvio que ni la AEAT ni los Órganos Económico-Administrativos son competentes para dirimirla. En este caso, la resolución administrativa que se dictara al respecto sería presuntamente nula.

Por el contrario, si se considera que estamos ante una cuestión incidental o accesoria, tanto la AEAT como los Órganos Económico-Administrativos sí son competentes para dilucidarla, siempre que su conclusión obedezca a hechos indubitados, y no a meras conjeturas; esto es, que se trate de hechos objetiva e indubitadamente incuestionables; carentes de controversia. Circunstancia que exige acreditar que la sanción que el derecho prevé para los mismos es su nulidad radical, y que se trata de actuaciones radicalmente prohibidas sin margen alguno de apreciación y/o valoración.

En nuestra opinión, la calificación como ilícito es, en nuestro caso, la cuestión central del litigio, y, por tanto, y al tratarse de una cuestión que excede al ámbito fiscal, ni la AEAT ni los Órganos Económico-Administrativos son competentes para ello.

---

75 ATS 4412/2009 de 23 de marzo de 2009, nº recurso 2578/2004.

La absoluta excepcionalidad de la nulidad radical requiere, por razones de seguridad jurídica, reservar su declaración a los órganos competentes.

Los actos y/o negocios nulos de pleno derecho quedan de hecho extramuros del art. 13 de la LGT que se circunscribe, entre otros, a los que gozan de apariencia de legalidad a pesar adolecer de vicios que puedan afectar a su validez.

4. A modo de conclusión

Después de este recorrido por el concepto de gastos de actuaciones contrarias al ordenamiento jurídico, podemos concluir afirmando lo siguiente:

Primero.- De acuerdo con lo dispuesto en el art. 6.3 del CC, los actos contrarios a las normas imperativas y a las prohibitivas son nulos de pleno derecho.

Segundo.- La característica que define a un acto de dicha naturaleza es su invalidez *"ab initio"*. Se trata, por tanto, de actos inexistentes, es decir, que no producen ningún tipo de efectos jurídicos. Licitud e invalidez son, pues, conceptos íntimamente vinculados.

Tercero.- Los supuestos de nulidad radical, o absoluta, no se pueden confundir con los de *"anulabilidad"*, que, por su naturaleza, mantienen su eficacia hasta su declaración judicial de nulidad. Se trata, por tanto, de actos cuya eficacia se mantiene hasta dicho momento. Se trata, pues, de actos que gozan de la apariencia de legalidad.

Cuarto.- Los actos nulos son imprescriptibles. Su invalidez perdura pues en el tiempo. Su ineficacia es *"ab initio"*. Por el contrario, los actos anulables están sujetos a un plazo de caducidad, transcurrido el cual su eficacia se consolida. Su ineficacia es *"ex tunc"*.

Quinto.- Los efectos prácticos de unos y otros; son los mismos: *"declarada la nulidad de una obligación, los contratantes deben restituirse recíprocamente las cosas que hubiesen sido materia del contrato, con sus frutos, y el precio con los intereses, salvo lo que se dispone en los artículos siguientes"* (art. 1303 del CC). No obstante, ambos supuestos no se pueden conceptualmente confundir.

Sexto.- Los gastos de actuaciones contrarias al ordenamiento son pues aquellos a los que el derecho sanciona con su nulidad radical.

Séptimo.- La razón de ser de su no deducibilidad, reside en el propio principio de capacidad económica. Si el acto y/o negocio realizado no existe para el mundo del derecho, el principio de capacidad económica es, y ha de ser, ajeno al mismo.

Octavo.- No obstante, hay que tener en cuenta que no siempre el derecho reacciona frente a tales actos con su nulidad. Así expresamente lo reconoce el CC al señalar en su art. 6.3 que tales actos son nulos de pleno derecho, salvo que en las normas que se contravienen se establezca un efecto distinto, en particular, y, entre otras, una infracción administrativa, o cualquier tipo de acción resarcitoria o indemnizatoria.

Noveno.- Un acto nulo de pleno derecho significa una actuación radicalmente contraria y/o prohibida por el ordenamiento.

Décimo.- Los dos requisitos que un gasto ha de cumplir, para considerarse incluido en el presupuesto de hecho del citado art. 15 son, primero, que se trate de un acto y/o negocio que el derecho sanciona con su nulidad, y, segundo, que se trate de un incumplimiento o prohibición de carácter radical, absoluta, y objetiva.

Undécimo.- Se entiende también incluidos en dicho artículo, los negocios con causa ilícita a los que el art. 1.275 del CC se refiere.

Duodécimo.- Igualmente se consideran incluidos en el mismo, los ilícitos penales.

Decimotercero.- El ámbito de aplicación del principio de irrelevancia fiscal de los vicios que afectan a la validez de los actos y/o negocios al que el art. 13 de la LGT se refiere, son, esencialmente, los actos anulables, esto es, aquéllos que gozan de apariencia de legalidad hasta, en su caso, su declaración judicial de nulidad; entre otros, los negocios a los que el art. 1.261 del CC se refiere.

Decimocuarto.- El gasto de actuación contraria al ordenamiento es el que, en sí mismo, ha de ser *"ilícito"*.

Decimoquinto.- Los gastos objetivamente *"lícitos"* vinculados o asociados a actuaciones contrarias al ordenamiento, son siempre deducibles.

Decimosexto.- La AEAT y los Órganos económico-administrativos no tienen competencias para declarar la ilicitud de un gasto, o, si se prefiere, para calificar un gasto como una actuación contraria al ordenamiento jurídico.

CAPITULO 4

LA RETRIBUCIÓN DE LOS ADMINISTRADORES Y LOS GASTOS DE ACTUACIONES CONTRARIAS AL ORDENAMIENTO

1. La retribución del administrador por funciones directivas y sin cobertura estatutaria como un gasto de actuaciones contrarias al ordenamiento

Llegados hasta este punto, y aunque ya hemos avanzado nuestra opinión, conviene profundizar ahora sobre si la retribución a los administradores por funciones directivas infringiendo el principio de reserva estatutaria del art. 217 de la LSC, es un incumplimiento radicalmente prohibido que no admite ningún tipo de duda.

Ya hemos señalado que la LSC no prohíbe retribuir a los administradores, ni prevé por ello su nulidad radical.

Ello sería suficiente para excluir la aplicación del art. 15 f) de la Ley 27/2014.

Hemos visto, también, que en los casos de nulidad absoluta por contravenir una norma imperativa o prohibitiva, el juzgador ha de analizar la índole y finalidad de la norma legal contrariada y la naturaleza, móviles, circunstancias y efectos previsibles de los actos realizados, para concluir con la declaración de la validez del acto contrario a la ley si la levedad del caso lo permite, reservando la sanción de nulidad para los supuestos en que concurran trascendentales razones que hagan patente el carácter del acto gravemente contrario a la ley, la moral o el orden (SSTS de 18 de junio de 2002, 27 de febrero de 2004, y 10 de abril de 2007).

En definitiva, recordémoslo, la declaración de nulidad no puede tener un carácter desproporcionado en relación con el objeto de la norma que trata de salvaguardarse frente al arbitrio individual mediante tan extremada sanción, especialmente en aquellos casos en los cuales, aun existiendo una contravención, no se puede establecer la existencia de una oposición radical entre el acto celebrado y la finalidad del precepto, pues no toda disconformidad del acto con la norma comporta la sanción de nulidad.

Pues bien; para responder adecuadamente si estamos ante un hecho indubitado o controvertido, resulta necesario referirnos a la doctrina jurisprudencial del *"abuso de formalidad"* que el TS ha construido con relación, precisamente, a esta cuestión en particular, e, indirectamente, a la doctrina de los actos propios y al principio de confianza legítima, a los que el TS se refiere también.

2. El *"abuso de formalidad"*: ilegalidad formal e ilegalidad sustantiva

Como hemos dicho, el denominado *"abuso de formalidad"* responde a un criterio jurisprudencial acuñado por el TS con relación al tema que aquí nos ocupa.

Su formulación es muy simple y su origen se remonta a la Sentencia del TS de 19 de diciembre de 2011 ([76]), que, en síntesis, concluye en el sentido de que pretender apelar a los estatutos cuando éstos prevén la gratuidad del cargo de administrador, pero es evidente que la voluntad social es de retribuirlo, es un *"abuso de formalidad"*.

De hecho, de lo que se trata es de contrastar si la finalidad del acto realizado vulnera la finalidad que la norma pretende proteger.

Se trata, pues, de lo que hemos denominado la *"contrastación directa"* de finalidades.

En este sentido, el TS, en la sentencia citada, recuerda que cuando la totalidad de los accionistas conocen y consienten el pacto, *"la jurisprudencia de esta Sala, (...)* ***ha rechazado la oponibilidad de la exigencia contenida en el artículo 130 LSA alejada de su finalidad de tutela y como fórmula para desvincularse de forma anómala de las obligaciones personalmente asumidas como válidas****"*.

Así mismo, el TS recuerda también que *"la sentencia 445/2001, de 9 de mayo (...), rechazó la limitación impuesta por el artículo 130 de la LSA en una sociedad unipersonal en la que el ejecutivo por razones organizativas asumió la condición formal de administrador, pese a tratarse en la realidad de un alto directivo"*.

Recuerda, igualmente, que en su sentencia 1147/2007, de 31 de octubre, mantuvo la validez de la retribución *"en una sociedad con accionista único, el único afectado por la eficacia de la cláusula es él, y no tiene derecho a quejarse, porque es él quien mantiene a los administradores en sus cargos y el que contrata"*. Ello, que *"en los casos normales obedece a las razones ya expuestas, aquí es una mera formalidad"*, a lo que hay que añadir *"que la nulidad de un contrato ejecutado en parte no carece de consecuencias –el artículo 1303 dispone la retroacción de presta-*

76 STS 9361/2011 de 19 de diciembre de 2011, nº recurso 1976/2008.

ciones– y no impide valorar el desarrollo asimétrico de funciones cuando la totalidad de socios simultáneamente forma parte del órgano de administración".

En el caso de autos, insistimos, todos los accionistas conocían y consentían la existencia y contenido del contrato suscrito por la sociedad, y por ellos mismos, quienes, en su posición de miembros del consejo de administración, contribuyeron activamente a formar la voluntad de la sociedad.

El TS señala igualmente que la *"exigencia (que la norma persigue al obligar a que los estatutos fijen el sistema de retribución y su finalidad), aunque también tutela el interés de los administradores, tiene por finalidad primordial potenciar la máxima información a los accionistas a fin de facilitar el control de la actuación de* éstos *en una materia especialmente sensible, dada la inicial contraposición entre los intereses particulares de los mismos en obtener la máxima retribución posible y los de la sociedad en minorar los gastos y de los accionistas en maximizar los beneficios repartibles –en este sentido: la sentencia 441/2007, de 24 de abril (RJ 2007, 2418), afirma que su finalidad es «proteger a los accionistas de la posibilidad de que los administradores la cambien (la retribución) por propia decisión»; y la sentencia 448/2008, de 29 de mayo (RJ 2008, 3184), que «se inspira en la conveniencia de hacer efectivo el control de los socios sobre la política de retribución de los administradores, mediante una imagen clara y completa de ella»".*

En idéntico sentido se pronuncia la DGRN que, con remisión expresa al TS, y con relación al régimen legal de la retribución de los administradores, señala, por ejemplo, en su Resolución de 25 de febrero de 2014, que dicha regulación legal *"tiene por finalidad proteger de la indemnización tanto a los socios como a los propios administradores"* pretendiendo evitar *"la arbitrariedad en cuestión tan sensible"*.

Fijada pues por el TS la verdadera *"ratio"* de la reserva estatutaria, es obvio que, en determinados supuestos y circunstancias, no se puede considerar que ésta se haya incumplido.

No existe, por tanto, una contravención entre la finalidad que la norma persigue y la del acto realizado.

Este es el caso, por ejemplo, de aquella sociedad en la que la totalidad de sus socios y/o accionistas aprueban la retribución de los administradores.

Es también el caso, por ejemplo, de una sociedad unipersonal.

De especial importancia es también la Sentencia de la Sección 1ª del TS, de 20 de noviembre de 2018 ([77]), al recordar que el TS ha rechazado las pretensiones de nulidad *"en lo que ha venido en denominar "abuso de la formalidad", cuando la negativa de la sociedad a abonar la retribución acordada en junta, por carecer de sustento estatutario, se muestra alejada de la finalidad de tutela de las normas reguladoras de la retribución del administrador (...) y se revela como una fórmula para desvincularse de forma anómala de las obligaciones personalmente asumidas como válidas (sen-*

77 STS 3949/2018 de 20 de noviembre de 2018, nº recurso 3621/2015.

tencia 411/2013, de 25 de junio, con cita de las anteriores 445/2001, de 9 de mayo, 1147/2007, de 31 de octubre, y 893/2011, de 19 de diciembre de 2011)".

Como recuerda igualmente la Sentencia, *"la finalidad del sistema legal de retribución de los administradores, que exige la constancia estatutaria, no se frustra cuando la indemnización ha sido fijada de forma unánime por los socios, (...), en un acuerdo que no ha sido objeto de impugnación".*

Este criterio jurisprudencial, nos permite, además, discernir entre ilegalidad formal e ilegalidad sustantiva.

La primera, es la que se limita a una mera ilegalidad aparente.

Se trata de supuestos en los que los hechos reales contravienen la legalidad formal sin infringir, por ello, la finalidad que esta última pretende amparar.

Además de las sentencias citadas, este es el caso, por ejemplo, de la Sentencia de la Sala de lo Civil del TS de 19 de diciembre de 2011 ([78]) en la que se concluye sobre la legalidad de la retribución satisfecha a los administradores a pesar de que los estatutos de la sociedad establecen la gratuidad del cargo; conclusión a la que se llega tras verificar que, a pesar de tal incumplimiento, se respeta íntegramente la finalidad que la norma prevé al regular el régimen de retribución de los administradores, criterio que coincide también con el del Tribunal Superior de Justicia de Galicia en sus Sentencias de 13 de mayo ([79]) y 2 de junio de 2011 ([80]) ([81]).

---

78 STS 9361/2011 de 19 de diciembre de 2011, nº recurso 1976/2008.

79 STSJ GALICIA 3463/2011 de 13 de mayo de 2011, nº recurso 16853/2009.

80 STSJ GALICIA 4629/2011 de 2 de junio de 2011, nº recurso 16854/2009.

81 En efecto. En opinión del TSJ de Galicia, no estamos *"ante una exigencia formal carente de finalidad, que se agote en sí misma, sino que se trata de un requisito que tiene una finalidad garantista de los titulares de participaciones sociales actuales o los que en el futuro puedan tener tal condición. Y, en este sentido, del expediente administrativo se sigue sin dificultad la estructura estrictamente familiar de la mercantil demandante en la cual el administrador tiene una mayoría tal que, sin el menor inconveniente podría acomodar los estatutos sociales a su criterio. Aspecto éste que justamente es apreciado por el TEAR para dejar sin efecto la sanción"*. Concretamente, señala el TEAR sobre el particular que *"en el caso que nos ocupa lo discutido son las retribuciones del administrador que a su vez es accionista mayoritario de la sociedad, que si bien no están previstas en los estatutos, la modificación de los mismos por medio de la Junta General sería casi automática, por lo que este Tribunal entiende que el rigor formalista que se ha de exigir a la hora de liquidar debe ceder en lo que al acuerdo de imposición de sanción se refiere (...)"*. Rigor formalista, en cuanto a la liquidación –que es el objeto de recurso en este momento– que, como hemos visto tiene un justificación en la propia jurisprudencia que, en el caso concreto, no es de aplicación, siendo de añadir que no consta elemento alguno de impugnación por parte de accionistas minoritarios, a la hora de aprobar las cuentas anuales que permitan significar que aquella garantía de la situación de los actuales accionistas –la propia existencia de accionistas futuros en la estructura empresarial analizada aparece sujeta a idéntica disposición que el criterio sobre la previsión estatutaria de la remuneración– quede en entredicho por las retribuciones que, como tal, percibe el administrador". Sentencias de la Sección 4ª de la Sala de lo Contencioso-Administrativo del TSJ de Galicia de 13 de mayo de 2011, recurso 16853/2009, y de 2 de junio de 2011, recurso 16854/2009. Criterio, el del TSJ de Galicia, rectificado posteriormente por la Sección 2ª de la Sala 3ª del Tribunal Supremo en su Sentencia de 26 de septiembre de 2013, recurso 4808/2011.

En este sentido, revierte especial interés la opinión de MONTERO FERNÁNDEZ, Magistrado del TS, al señalar que *"la previsión legal estatutaria ha sido interpretada por la jurisprudencia como medida de salvaguarda para los socios minoritarios por los posibles abusos de los socios mayoritarios con predominio en la Junta General y atribuyéndose los puestos directivos con elevadas retribuciones, y para salvaguarda de los propios administradores, y existe jurisprudencia que incluso en la* órbita *mercantil ha reconocido el derecho de los administradores a percibir retribuciones no solo sin existir previsión estatutaria al efecto, sino incluso cuando no ha sido acordada propiamente por la Junta General, sin que desde el punto de vista mercantil parezca que exista especial dificultad para otorgarle validez a aquellas retribuciones aprobadas en Junta universal y por unanimidad o si la Junta aprueba una retribución superior y el acuerdo se adopta con iguales requisitos que para reformar los Estatutos"* ([82]).

Conviene también subrayar la Sentencia del TS, de 18 de junio de 2013 ([83]), que, en base a la teoría de los actos propios y en el principio de confianza legítima, señala con acierto que *"la cuestión no es (...) si un acuerdo adoptado por los socios sin estar constituidos en junta general puede suplir la exigencia de previsión estatutaria del carácter retribuido del cargo de administrador"*.

Lo relevante, subraya, *"es que (...) la retribución del administrador se acordó por todos los socios, incluido el demandante (...); que como consecuencia de ese acuerdo (el administrador) abandonó el puesto de trabajo retribuido que desempeñaba en otra empresa para dedicarse exclusivamente a prestar sus servicios a la sociedad de la que había sido nombrado administrador; y que tal situación se prolongó hasta (que) el hoy actor comenzó a objetar dicha situación"*.

Tal conducta, prosigue, *"es apta para generar fundadamente en el administrador la confianza en una coherencia futura sobre tal cuestión y, por ello, en que podía percibir la remuneración por haber sido acordada por todos los socios, incluido el hoy actor y en que no se le iba a reclamar la devolución de tales cantidades. Tal comportamiento, en cuanto significativo, prolongado y contradictorio con la pretensión deducida en la demanda, convierte a ésta en inadmisible, en aplicación de la doctrina de los actos propios, manifestación del principio general de buena fe"*.

En definitiva, no se trata de la presunta existencia de un acuerdo parasocial, *"en tanto que destinado a regular aspectos de la relación jurídica societaria y adoptado sin utilizar los cauces específicamente previstos para ello en la ley y los estatutos, que en tanto fuera contrario a la legislación societaria no sería válido"*, sino de valorar *"el comportamiento del socio demandante, reiterado durante varios ejercicios, como generador de confianza en el demandado sobre la regularidad de la percepción de sus retribuciones (en este sentido, sentencia de la Sala 1ª del Tribunal Supremo núm. 448/2008, de 29 de mayo, recurso núm. 322/2002)"*.

---

82 MONTERO FERNÁNDEZ, JOSÉ ANTONIO. "El concepto de gasto deducible y de liberalidad en el Impuesto sobre Sociedades. Consecuencias fiscales y extrafiscales de la calificación como liberalidad de determinados conceptos de gasto". *X Congreso Tributario*. Asturias, 7, 8 y 9 de mayo de 2014. Págs. 22 y 23.

83 STS 3443/2013 de 18 de junio de 2013, nº recurso 365/2011.

Esta solución, concluye, *"no contraría la finalidad de transparencia e información de los socios sobre el régimen de retribución del administrador puesto que esa retribución fue plenamente conocida y consentida por todos los socios, y concretamente por el demandante, durante varios años"*.

De especial interés, tal vez por su propia singularidad (una sociedad con tan solo dos socios), es la Sentencia del TS, de 29 de mayo de 2008 ([84]), que, tras apuntar que *"dos circunstancias ofrecen las actuaciones verdaderamente significativas y determinantes de la estimación del motivo"*, concreta, por un lado, que el hecho de que los socios integrantes de la sociedad fueran solo dos, el demandante y el administrador demandado, *"convierte en difícil de imaginar un desconocimiento por el primero de los detalles importantes de la gestión social dirigida por el segundo, entre ellos, el relativo a la política de retribuciones"*. Y por otro, el hecho de que el demandante *"conocedor, cuanto menos, al aprobar las cuentas de los respectivos ejercicios de que el administrador social percibía un sueldo como gerente"*, respondió *"ante esa evidencia con un comportamiento tolerante, no en una ocasión, sino durante varios ejercicios"*.

Con tales antecedentes, concluye el TS, *"la mencionada conducta merece ser calificada como apta para generar fundadamente en el otro socio la confianza en una coherencia futura sobre tal cuestión y, por ello, en que podía seguir percibiendo la remuneración por haber sido admitida por quien era titular de la otra mitad de las participaciones sociales. Es decir que, además de que la sociedad estaba de acuerdo al estarlo todos los integrantes de la junta general, el otro socio no le iba a reclamar devoluciones"*.

Pues bien; frente a esta ilegalidad *"formal"* o *"aparente"*, la *"sustantiva"* o *"radical"*, es aquélla que, analizados los hechos que concurren en el caso en concreto, éstos permiten concluir que se ha vulnerado la finalidad que la ley otorga al principio de reserva estatutaria.

Imaginemos, por ejemplo, una sociedad en la que, a pesar de que los estatutos prevean que el cargo no es retribuido, se ha decidido, sin conocimiento de los socios, retribuirlo.

Es obvio, en este caso, que se ha infringido la finalidad que la norma pretende proteger.

Este es el caso, por ejemplo, de la Sentencia de la Sección 1ª del TS, de 11 de septiembre de 2015 ([85]), que obliga a restituir las cantidades satisfechas a los administradores con relación a los ejercicios en los que no existía un acuerdo de Junta, pero no con relación a aquellos en los que tal acuerdo existe.

El TS niega, además, el hecho de que las Cuentas Anuales sirvan para acreditar el consentimiento de los socios, con relación a las retribuciones sin cobertura estatutaria.

---

84 STS 2900/2008 de 29 de mayo de 2008, nº recurso 322/2002.

85 STS 3725/2015 de 11 de septiembre de 2015, nº recurso 2095/2013.

En efecto; tras señalar que *"ha sido indiscutido que los estatutos de la sociedad no preveían la retribución de los administradores"*, el TS rechaza el razonamiento *"conforme al cual (en los ejercicios 2006 y 2007) se había "consentido y conocido" la retribución por constar en las cuentas anuales", ya que "ello no convalida las retribuciones ilegalmente percibidas por el administrador". Y recuerda que la LSC establece expresamente "que la aprobación de las cuentas anuales no impedirá el ejercicio de la acción social de responsabilidad"*.

Ahora bien, prosigue, *"en una junta de socios, celebrada en marzo de 2008, se aprobó unas retribuciones para dicho ejercicio, pese a que no se adoptara un acuerdo expreso que modificara los estatutos sociales, en el sentido de que, a partir de 2008 el cargo de administrador sería retribuido"*.

Y concluye. *"Atendido el carácter cerrado de la sociedad (y) el escaso número de socios, el tratamiento de retribuciones en la citada Junta de marzo de 2008, pudo generar fundadamente en el administrador la confianza en que, a partir de entonces, podía percibir la remuneración y en que no se le iba a reclamar la devolución de tales cantidades, en aplicación de la doctrina de los actos propios como manifestación del principio general de buena fe (STS núm. 412/2013, de 18 de junio)"*.

Pero esta confianza y creencia del administrador *"en modo alguno puede predicarse de las percepciones anteriores a la Junta de marzo de 2008 al no existir acuerdo o deliberación entre socios sobre esta materia que justificara esta confianza o creencia"*.

En idéntico sentido se pronuncia la Sentencia del TS de 19 de septiembre de 2017 ([86]), con relación, en este caso, a la negativa *"a futuro"* de un socio que, previamente, había dado su consentimiento en la correspondiente Junta.

En opinión del Tribunal, *"la conformidad del demandante con que los administradores sociales hubieran cobrado diversas cantidades de la sociedad con anterioridad a la adopción del acuerdo social de modificación de los estatutos podrá impedir que exija a los administradores la devolución de esas cantidades"*.

Su conducta, prosigue, *"al consentir estas retribuciones, era apta para generar fundadamente en los administradores la confianza en una coherencia futura sobre tal cuestión y, por ello, en que podían percibir la remuneración por haber sido acordada por todos los socios, incluido el hoy demandante, y en que no se les iba a reclamar la devolución de tales cantidades. Así lo ha declarado este tribunal en la sentencia 412/2013, de 18 de junio"*.

Pero esa conducta del demandante señala el TS, *"no puede impedir que más adelante deje de estar conforme con que los administradores sigan percibiendo esas retribuciones que carecen de una previsión estatutaria válida que las sustente. Su conducta podía considerarse concluyente en generar la confianza en que no se reclamara la devolución de las retribuciones percibidas con su consentimiento, pero no para generar la confianza en que seguiría prestando su consentimiento indefinidamente"*.

---

86 STS 3281/2017 de 19 de septiembre de 2017, nº recurso 390/2015

Cabe señalar que, en el caso de autos, se produjeron circunstancias relevantes que justifican, además, ese cambio de criterio por parte de uno de los socios.

En definitiva, pues, y por aplicación de la doctrina del abuso de formalidad, además de la doctrina de los actos propios y del principio de confianza legítima, en el caso de retribución satisfecha al administrador sin que los estatutos así lo establezcan, no cabe admitir la acción de responsabilidad y, por ende, la nulidad de las retribuciones satisfechas, si éstas fueran acordadas por la junta general.

Señalar, por último, que mientras en el supuesto de *"ilegalidad formal"* la aparente contravención se considera salvada, no ocurre lo mismo en el de *"ilegalidad radical"*.

Así mismo, mientras que en los casos de ilegalidad formal no se puede negar la legalidad de la retribución satisfecha a los administradores, en el segundo de los casos sí.

3. ¿Es pues la retribución del administrador sin cobertura estatutaria un acto radicalmente prohibido?

Hemos visto que, el art. 15.f) de la Ley 27/2014, hay que interpretarlo en el sentido de que no son deducibles los gastos de actuaciones contrarias al ordenamiento, como sinónimo de actuaciones radicalmente prohibidas, esto es, de actos y negocios que, al amparo de los arts. 6.3 y 1.275 del CC, son nulos de pleno derecho.

Hemos visto, también, que la jurisprudencia del TS niega que el mero hecho de la falta de previsión estatuaria permita afirmar que la retribución satisfecha a los administradores sea nula. Al contrario. En determinados supuestos y circunstancias, tal retribución es plenamente lícita a pesar de incumplir el principio de reserva estatutaria.

También hemos apuntado que, en cualquier caso, el supuesto de hecho al que nos referimos requiere de un análisis caso por caso de los que el órgano competente es la jurisdicción contenciosa administrativa.

Y hemos visto, igualmente, que la LSC prevé una acción de responsabilidad sujeta a plazo de caducidad; plazo que excluye la nulidad de pleno derecho.

Desde esta perspectiva, y en nuestra opinión, no cabe duda de que no se puede hablar de nulidad absoluta o radical por vulneración de norma imperativa o prohibitiva. Y menos, si tenemos en cuenta la posible interpretación conjunta de los arts. 217 y 249 de la LSC.

En consecuencia, negar la deducción de la retribución, asimilándola a un supuesto radicalmente prohibido por el ordenamiento, es desproporcionada.

Por tal motivo, la retribución a los administradores sin cobertura estatutaria no se puede considerar en ningún caso como una actuación contraria a nuestro ordenamiento.

En consecuencia, procede, sin más, la aplicación del art. 13 de la LGT que, recordémoslo, obliga a prescindir de los vicios que puedan afectar a la validez de los actos y/o negocios celebrados por el contribuyente.

Desde esta perspectiva, el debate que el TS ha mantenido hasta hoy no solo es estéril, sino que ha obviado la obligada aplicación del citado artículo y el hecho de que la unidad del ordenamiento exige tener en cuenta la jurisprudencia dictada por el órgano competente para dirimir las controversias de naturaleza mercantil que se puedan plantear.

Conviene recordar que tanto la doctrina del *"milímetro"*, como la del *"vínculo único"*, son fruto de una construcción jurisprudencial sobre la que, además, existe una evidente y contrastada controversia en sede judicial y científica.

Resulta pues todavía más evidente que no estamos en presencia de una actuación objetiva e inequívocamente *"ilícita"*.

Señalar, por último, que tal *"ilicitud"* no se limita a la mera constatación formal del incumplimiento *"objetivo"* de determinados preceptos, sino a la contrastación entre la finalidad de la norma y la del acto y/o negocio realizado.

No olvidemos, en fin, que de lo que se trata es de negar la deducción de un gasto por inexistente.

Llegados a este punto, estamos ya en condiciones de interpretar adecuadamente el alcance y contenido del art. 15.e) de la Ley 27/2014.

CAPITULO 5

EL ARTÍCULO 15.e) DE LA LEY 27/2014 Y SU INTERPRETACIÓN

1. Interpretación finalista: especialidad de la letra e) frente a la letra f)

Como ya sabemos, el art. 15.e), último párrafo, de la Ley 27/2014, de la LIS, establece que no se comprenden en esta letra (donativos y liberalidades), *"las retribuciones a los administradores por el desempeño de funciones de alta dirección, u otras funciones derivadas de un contrato de carácter laboral con la entidad"*.

Por su parte, y como ya sabemos también, su letra f) establece que no son deducibles *"los gastos de actuaciones contrarias al ordenamiento jurídico"*.

La primera cuestión que se nos plantea es si la interpretación de la letra e) es independiente de su letra f), o, mejor, si ésta prevalece sobre la que se haga de su letra f).

Para ello, es a su vez determinante la interpretación que se haga de esta última y, en caso de conflicto, averiguar cuál de ambas prevalece.

Si se entiende que la letra f) no incluye en ningún caso el supuesto al que nos referimos, es obvio que la conclusión a la que se llega es que, el único precepto que hay que aplicar, es la letra e) del art. 15.

Por el contrario, si la conclusión a la que se llega es que la letra f) incluye los supuestos de retribución de los administradores con cargo gratuito, habrá que averiguar cuál de ambas letras prevalece.

Es cierto, que la cuestión de *"estricta legalidad"* está presente en todas las resoluciones judiciales que hemos analizado.

Pero no lo es menos, que ésta se ha utilizado, exclusivamente, para negar la necesariedad del gasto, o su calificación como liberalidad, como concepto vinculado inequívocamente a su obligatoriedad/legalidad.

No obstante, hay que advertir que la cuestión de *"estricta legalidad"* no ha prosperado hasta hoy, seguramente, por ausencia de precepto alguno que permitiera negar por tal motivo su deducción.

En este contexto, es obvio que el art. 15.f) abre la puerta a los defensores de ésta a pesar de que su aplicación contravenga lo dispuesto en el art. 13 de la LGT.

No vamos a insistir de nuevo en la interpretación que consideramos correcta, y que excluye toda posibilidad de que la retribución de los administradores con cargo gratuito se incluya en el mismo.

Descartada su aplicación, la interpretación de su letra e) no ofrece ninguna duda.

Interpretarlo de otra manera, vulnera, como ya hemos dicho, el principio de capacidad económica y el de calificación.

Como ya hemos visto, éste parece ser también el criterio de la DGT y el que se deduce de la jurisprudencia del TJUE con relación a las operaciones ilícitas.

Sin embargo, no se puede olvidar que la interpretación que proponemos no es la única posible.

Por tal motivo, hay que subrayar que la interpretación de la letra f) es tan trascendente como la de su letra e).

En este contexto, y aunque parezca obvio, la primera pregunta que nos hemos de hacer es qué dice exactamente el art. 15.e).

Pues dice tan solo que no son donativos ni liberalidades las retribuciones a los administradores por el desempeño de *"funciones de alta dirección"* y las retribuciones a los administradores por el desempeño de *"otras funciones derivadas de un contrato de carácter laboral con la entidad"*.

No dice, es cierto, que tales retribuciones son gasto fiscalmente deducible. Dice, tan solo, que no están comprendidas en el concepto de liberalidad. Niega, pues, su calificación como tal.

En definitiva, no se trata de liberalidades que son *"deducibles"*, sino de gastos que bajo ningún concepto son una *"liberalidad"*.

¿Qué son pues?

La respuesta es obvia. Son, como ya hemos visto, un gasto contable cuya corrección fiscal en concepto de liberalidad no es posible.

A mayor abundamiento, y en aplicación del art. 13 de la LGT, se trata de la contraprestación al trabajo realizado por el administrador en favor de la sociedad.

Se trata, en definitiva, de un rendimiento del trabajo de los definidos en el art. 17 de la Ley del Impuesto sobre la Renta de las Personas Físicas (en adelante, LIRPF), esto es, de una contraprestación o utilidad, *"cualquiera que sea su denominación o naturaleza, (dineraria) o en especie, que (derive), directa o indirectamente, del trabajo personal o de la relación laboral o estatutaria y no tengan el carácter de rendimientos de actividades económicas"*.

Y si la retribución es una contraprestación del trabajo, es obvio que su importe es gasto contable para su pagador.

Y ello, recordémoslo, al margen de todo vicio que pueda afectar a su validez.

El tributo grava *"hechos imponibles"*, esto es, *"realidades fácticas"; "presupuestos de hecho"*. Hechos que el intérprete ha de calificar de acuerdo con su verdadera naturaleza jurídica, prescindiendo de las denominaciones que las partes les han dado y de los vicios que puedan afectar a su validez.

De ahí, precisamente, la autonomía calificadora del Derecho Tributario.

En definitiva, el tributo no juzga ilegalidades. Grava, como hemos dicho, hechos imponibles.

Volviendo a nuestra argumentación, decíamos que estamos en presencia de una contraprestación al trabajo realizado.

Baste recordar al respecto el voto particular recogido en la Sentencia del TS de 5 de febrero de 2015 en el sentido de que *"cualquier cantidad satisfecha por la sociedad a sus administradores en atención a los servicios prestados, es un gasto realizado para la obtención de unos ingresos"*. Lo que resulta insostenible *"es que pueda considerarse como disposición a título gratuito"*, esto es, *"como liberalidad a decir de la sentencia que representa el parecer mayoritario"*.

Pero el art. 15.e) dice más. Dice por el *"desempeño de funciones de alta dirección"*.

Parece, pues, que el legislador tiene presente la distinción doctrinal entre funciones *"ejecutivas"* y funciones *"deliberativas"*.

Desde esta perspectiva, parece acoger la diferenciación que la doctrina sostiene entre ambas funciones.

Sea como fuere, la teoría del vínculo es fiscalmente inocua, o así habría de serlo, ya que para la calificación fiscal de las retribuciones es indiferente la existencia de una relación laboral, de una relación mercantil, de ambas, o de ninguna.

Desde esta perspectiva, se trata de un rendimiento del trabajo y de un gasto contable.

Funciones ejecutivas, recordémoslo, que son las propias de los Altos Directivos y de los administradores. Funciones que, al coincidir en una misma persona, se confunden.

Se trata, en efecto, de funciones propias de la más Alta Dirección que, al realizarlas por quien además es administrador, se confunden, hasta que el Alto Directivo deja de ser administrador y regresa a su estado *"natural"* de dependencia del órgano de gobierno de la sociedad. Hasta dicho momento, la integración del alto directivo al propio órgano de gobierno suspende temporalmente su relación laboral para transformarla en una relación mercantil.

Funciones, recordémoslo también, que son las comprendidas en el Real Decreto 1382/1985, de 1 de agosto, por el que se regula la relación laboral de carácter especial del personal de alta dirección, esto es, la de aquellos trabajadores que ejercitan poderes inherentes a la titularidad jurídica de la empresa, y a los objetivos generales de la misma, con autonomía y plena responsabilidad, solo limitadas por los criterios e instrucciones directas emanadas de la persona o de los órganos superiores de gobierno y administración de la Entidad que respectivamente ocupe aquella titularidad.

Se trata, por tanto, de funciones que, más allá del debate jurídico sobre la naturaleza de la relación jurídica que vincula al alto directivo y administrador con la sociedad, les competen, las ejercen de forma efectiva, y se les retribuye.

Se trata de funciones que, con independencia de su denominación, forma jurídica, y vicios contractuales, constituyen un aumento de capacidad económica para su perceptor, y una disminución de la misma para su pagador.

Se trata, en definitiva, de funciones que, a efectos de su calificación tributaria, son un ingreso y un gasto.

Funciones, a su vez, que nada tienen que ver con las *"deliberativas"* y que, bajo ningún concepto, son propias del Alto Directivo, sino de los órganos superiores de gobierno y administración de la entidad.

La retribución por las funciones deliberativas es de hecho exclusiva de los administradores, como tales. Sin embargo, la retribución por funciones ejecutivas, no. Son propias del alto directivo y del administrador.

No en vano, la DGRN, en su Resolución de 17/6/2016, señala que en el caso de que exista un Consejo de Administración, *"**las funciones inherentes al cargo de consejero se reducen a la llamada función deliberativa** (función de estrategia y control que se desarrolla como miembro deliberante del colegio de administradores)".*

Por el contrario, prosigue, *"**la función ejecutiva** (la función de gestión ordinaria que se desarrolla individualmente mediante la delegación orgánica o en su caso contractual de facultades ejecutivas) **no es una función inherente al cargo de "consejero" como tal**. Es una función adicional que nace de una relación jurídica añadida a la que surge del nombramiento como consejero por la junta general; que nace de la relación jurídica que surge del nombramiento por el consejo de un consejero como consejero delegado, director general, gerente u otro".*

En consecuencia, y para la DGRN, *"la retribución debida por la prestación de esta función ejecutiva no es propio que conste en los estatutos, sino en el contrato de administración que ha de suscribir el pleno del consejo con el consejero".*

No hay que olvidar, tampoco, la obligación que el art. 249 de la LSC establece de regular las funciones ejecutivas mediante el contrato correspondiente.

Especialmente significativo es también su art. 236.4 al señalar que *"cuando no exista delegación permanente de facultades del consejo en uno o varios consejeros delegados, **todas las disposiciones sobre deberes y responsabilidad de los administradores serán aplicables a la persona, cualquiera que sea su denomi-***

***nación, que tenga atribuidas facultades de más alta dirección de la sociedad,** sin perjuicio de las acciones de la sociedad basadas en su relación jurídica con ella".*

Se trata, en definitiva, de retribuciones propias de la alta dirección, y de la propia administración de la compañía, distintas de las funciones deliberativas, estratégicas, de representación, y/o de control. Son, en definitiva, funciones de gestión directa.

Recordemos también que la Sentencia MAHOU trata de hecho dos cuestiones distintas que hay que distinguir.

La primera, la teoría del *"milímetro"*, esto es, la obligación de que los estatutos fijen con certeza el sistema de retribución del administrador.

La segunda, la teoría del *"vínculo",* esto es, la existencia de un solo vínculo entre el administrador-alto directivo y la sociedad para la que este último presta sus servicios.

Su aplicación conjunta da lugar, eso sí, y para el TS, a la no deducibilidad de las retribuciones satisfechas a los administradores con cargo gratuito por sus funciones de alta dirección.

Es pues esta especial singularidad de las funciones la que permite tratar su retribución de forma separada e independiente.

Las retribuciones a las que el art. 15.e) se refiere son, pues, estas en concreto: las funciones ejecutivas o de alta dirección.

Desde esta perspectiva, el precepto se limita a decir una obviedad: que las retribuciones a los administradores por el desempeño de funciones de alta dirección no están comprendidas en la letra e) de su art. 15.

Obviedad, eso sí, necesaria, dado que el criterio jurisprudencial hasta su entrada en vigor es el de calificarlas como una liberalidad.

La única solución posible es, pues, negar *"la mayor"*.

Y eso es lo que hace el art. 15.e) de la Ley 27/2014.

Esta, creo, es además la interpretación más acorde con lo dispuesto en el art. 3.1 del CC al señalar que *"las normas se interpretarán **según el sentido propio de sus palabras, en relación con el contexto, los antecedentes históricos y legislativos**, y la realidad social del tiempo en que han de ser aplicadas, atendiendo fundamentalmente al espíritu y finalidad de aquellas"*.

No parece cuestionable que el contexto y los antecedentes son claros.

La finalidad del legislador parece pues también clara: zanjar una polémica estéril e incorrectamente planteada.

De ahí, también, la importancia de su ubicación sistemática, la letra e), excluyéndolas del concepto de liberalidad al que el TS las asimila.

Llegados a este punto, la pregunta es obvia.

¿Son deducibles?

La respuesta, como ya hemos avanzado en otro apartado, está en el art. 10 de la Ley 27/2014, en particular, en su número 3: *"en el método de estimación directa, la base imponible se calculará,* ***corrigiendo, mediante la aplicación de los preceptos establecidos en esta Ley, el resultado contable*** *determinado de acuerdo con las normas previstas en el Código de Comercio, en las demás leyes relativas a dicha determinación y en las disposiciones que se dicten en desarrollo de las citadas normas".*

Recordemos que el TS sostiene veladamente que la expresión "*determinado de acuerdo con las normas previstas en el Código de Comercio",* se refiere a las normas mercantiles y, por tanto, y, entre otras, a las relativas a la retribución de los administradores.

Sin embargo, la dicción literal es clara. La mención que el art. 10 hace al *"Código de Comercio, (a) las demás leyes relativas a dicha determinación y (a) las disposiciones que se dicten en desarrollo de las citadas normas"* se refiere, sin duda, a las normas para la determinación del resultado contable.

Y por ello, tal vez, el TS no ha afirmado nunca que un gasto contrario al ordenamiento jurídico no es un gasto contable, sino que es una liberalidad.

En definitiva, ante la inexistencia de precepto alguno que permita concluir lo contrario, la retribución de los administradores es gasto fiscalmente deducible.

Y de ahí la importancia de la letra f) que, por primera vez, aparece en nuestra normativa.

Pero continuemos con nuestra argumentación.

Hemos dicho que la retribución de los administradores en general, y, en concreto, por sus funciones directivas, es un gasto contable.

Y hemos visto, también, que la retribución a los administradores por sus funciones de alta dirección, no son en ningún caso liberalidades.

En consecuencia, tales retribuciones son, en principio, gastos fiscalmente deducibles.

Llegado a este punto, habrá quien se pregunte si la referencia que el art. 15.e) hace a la retribución de los administradores se refiere a la prevista en los estatutos, a la no prevista en los mismos, o a ambas.

El precepto, es cierto, se refiere, sin más, a las retribuciones a los administradores por el desempeño de funciones de alta dirección.

En consecuencia, la conclusión no puede ser otra que donde la ley no distingue no cabe distinguir y, por tanto, que la ley se refiere a las retribuciones a los administradores por el desempeño de funciones de alta dirección sin perjuicio, pues, de su previsión estatutaria.

Parece lógico pensar que, si el legislador hubiera querido distinguir, así lo hubiera hecho.

Pero a poco que reflexionemos, lo lógico es concluir que, en realidad, el legislador está pensando en las retribuciones del administrador con cargo gratuito.

Primero, porque éstas, y no otras, son las que son objeto de controversia; las únicas que el TS califica como liberalidad.

Y, segundo, porque la exclusión que la letra e) hace carecería de sentido, por innecesaria, en los casos de retribuciones que cumplen el principio de reserva estatutaria, y que nunca se ha cuestionado su deducibilidad ni su calificación como liberalidad.

La deducción pues como gasto fiscalmente deducible de la retribución a los administradores deviene, por tanto, de su condición de gasto contable y de la ausencia, como veremos, de precepto fiscal alguno que habilite su corrección como gasto fiscalmente no deducible.

El art. 15.e), es cierto, no concreta su deducibilidad. Precisa y aclara tan solo que bajo ningún concepto son una liberalidad. Cierra, pues la puerta, a su calificación como tal. Zanja, por tanto, el problema.

La única opción de abrirla de nuevo es aplicar la cuestión de estricta legalidad, y, en definitiva, la letra f) del artículo 15.

Pero sigamos.

El art. 15.e) se refiere a la retribución por funciones de *"alta dirección"*.

Pues bien; se puede entender que éste se refiere a cualquier función directiva, o, mejor, a funciones directivas distintas a las inherentes al cargo de administrador, por ejemplo, director comercial, de I+D, financiero, etc.

Tal interpretación no es, en nuestra opinión, correcta. Y no lo es porque por funciones de alta dirección hay que entender la de aquellas personas que ejercen poderes inherentes a la titularidad jurídica de la empresa, y relativos a los objetivos generales de la misma, con autonomía y plena responsabilidad, solo limitadas por los criterios e instrucciones directas emanadas de la persona o de los órganos superiores de gobierno y administración de la entidad que respectivamente ocupe aquella titularidad.

Se está pues refiriendo a la retribución por funciones ejecutivas de la más alta dirección, esto es, a las que son propias de los altos directivos y de los administradores.

Respecto a la retribución que el administrador percibe por otras funciones directivas, nunca se ha cuestionado su deducibilidad ni su condición de liberalidad, siempre, claro está, que ambas retribuciones sean identificables de forma separada.

Por otra parte, el art. 15.e) de la Ley 27/2014 se refiere, también, a la retribución a los administradores por *"otras funciones derivadas de un contrato de carácter laboral con la entidad"*.

Se trata, en nuestra opinión, de una referencia innecesaria ya que tales retribuciones tampoco han planteado nunca ninguna cuestión relativa a su deducibilidad ni a su posible condición como liberalidad.

Es cierto, esto sí, que han dado lugar a múltiples resoluciones de la DGT a consultas vinculantes planteadas por los contribuyentes, consultas que han sido resueltas de forma pacífica.

Sí es cierto que la referencia al *"contrato de carácter laboral"* puede dar lugar a confusión en la medida que se interprete que con ello se excluyen las derivadas de una relación mercantil, o de una mera prestación de servicios, circunstancia que ni la DGT, ni la Administración Tributaria, ni los tribunales, han cuestionado hasta hoy.

En definitiva, pues, y en nuestra opinión, la interpretación del art. 15.e) de la Ley 27/2014, obedece a la clara voluntad del legislador de negar su condición de liberalidad, permitiendo con ello su deducibilidad fiscal como gasto contable sin perjuicio de que estén o no previstas en los estatutos.

Desde esta perspectiva, el art. 15.e), y aun en el caso de una interpretación literal de su letra f), excluye, por su finalidad y especialidad, la aplicación de esta última.

De ahí, como hemos dicho, la importancia de interpretar adecuadamente no solo la letra f), sino su letra e).

Sin embargo, ésta no es su única y posible interpretación.

2. Interpretación literal: no especialidad del art. 15.e) y su interpretación conjunta con la letra f). El criterio del TEAC

Una segunda y posible interpretación es la que resulta de una lectura literal y conjunta de las letras e) y f) del art. 15.

En efecto; aceptado que las retribuciones a los administradores no son una liberalidad, de lo que se trata ahora es de averiguar si en la medida que incumplen la normativa mercantil, no son deducibles por tratarse de un gasto de actuaciones contrarias al ordenamiento.

Tal interpretación exige interpretar qué se entiende como tal, cuestión, a su vez, que admite dos interpretaciones, la literal y la finalista.

La literal significa que todo gasto derivado del incumplimiento de una norma no es deducible, y, la finalista, que tan solo no lo es si derivan de actuaciones radicalmente prohibidas.

Si se acepta a su vez esta última, la conclusión a la que se llega es a la de que las retribuciones a los administradores con cargo gratuito son con carácter general deducible.

Por el contrario, si se acepta como correcta la interpretación literal, la conclusión es la contraria.

En definitiva, la clave está en la interpretación de la letra f).

En nuestra opinión, y como ya lo hemos razonado, la interpretación correcta es la finalista y, por tanto, que las retribuciones a las que nos referimos son deducibles.

Precisamente por ello, esta segunda interpretación parte de la hipótesis contraria, esto es, de que la interpretación adecuada es la literal.

Pues bien; no deja de ser extraño que, si la intención del legislador es la de excluir tales retribuciones del concepto de liberalidad, impida después su deducción por tratarse de un incumplimiento de la normativa mercantil.

Desde un punto de vista de técnica legislativa, lo lógico, si ésta es la intención del legislador, era haberlo recogido expresamente en su letra e), máxime cuando las retribuciones que no constan en los estatutos son, precisamente, a las que el TS califica como liberalidad.

Por otra parte, no parece lógico pensar que la exclusión que la letra e) hace, esté pensada, tan solo, para las retribuciones previstas en los estatutos, ya que, de ser así, tal exclusión carece de sentido por innecesaria.

Así mismo, no hay que olvidar el principio de especialidad, según el cual, en derecho, lo específico prevalece sobre lo genérico; la norma especial, sobre la general. Aplicado a nuestro caso, la letra e) prevalece sobre la letra f); conclusión que nos permite superar la aparente contradicción entre ambas.

Sea como fuere, y, en nuestra opinión, se trata de dos letras pensadas para supuestos distintos.

En cualquier caso, el problema lo tenemos encima de la mesa.

En efecto; el TEAC, bajo la vigencia de la Ley 27/2014, ha abordado ya esta cuestión en sus Resoluciones de 8 de octubre de 2019, y de 17 de julio de 2020, acogiendo como válida la interpretación literal, es decir, que las retribuciones de los administradores con cargo gratuito no son deducibles por ser contrarias al ordenamiento jurídico.

Para su adecuado análisis, nos vamos a centrar en su Resolución más reciente, en la medida que es más completa que la primera.

Con carácter previo, conviene no obstante concretar los antecedentes de hecho.

Se trata de la retribución satisfecha a un Consejero Delegado, o ejecutivo, en virtud del contrato suscrito con la sociedad al amparo del art. 249 de la LSC.

Los estatutos de la compañía establecen por su parte que el cargo de administrador es gratuito.

Como ya hemos dicho, tal proceder se justifica en diversas resoluciones de la DGRN hasta que la Sentencia de la Sala de lo Civil del TS, de 26 de febrero de 2018, consideró que la retribución de tales consejeros ha de estar también prevista en los Estatutos.

Centrémonos ya en la resolución.

El Tribunal inicia sus argumentos dejando constancia de que *"el art. 15 delimita una serie de gastos que se consideran no deducibles (entre) los que se incluyen, en la letra e), unos tradicionalmente incluidos en esta categoría en las sucesivas redacciones de la normativa reguladora de este impuesto: 'los donativos y liberalidades'"*.

Inmediatamente después, y con acierto, subraya la *"novedosa inclusión (del) último párrafo de (su) letra e)"*.

Llama la atención que, al transcribirla, haga énfasis en el hecho de que no están comprendidas entre las liberalidades, esto es, *"en esta letra e)"*, las retribuciones satisfechas a sus administradores por el desempeño de funciones de alta dirección, u otras funciones derivadas de un contrato de carácter laboral con la entidad.

Énfasis que da a entender que tal exclusión lo es a los solos efectos de *"esta letra e)"* sin perjuicio, por tanto, de su exclusión como gasto por aplicación de otras letras del idéntico artículo.

Sea como fuere, es obvio que la *"inclusión auténticamente novedosa (...) es la que excluye de que puedan considerarse liberalidades las retribuciones que nos ocupan"*; afirmación que compartimos plenamente.

Afirmación, señala, que *"pudiera pensarse que la norma atribuye a las mismas el carácter de deducibles en todo caso y sin ninguna otra consideración"*.

A pesar de que el Tribunal lo deja claro, hay que insistir en el hecho de que el art. 15.e) no atribuye a tales retribuciones el carácter de deducibles, sino que las excluye del concepto de liberalidad; circunstancia, insistimos, que el TEAC así lo entiende y lo dice.

En definitiva, no estamos ante liberalidades *"deducibles"*, sino ante un gasto ajeno al concepto de liberalidad.

Pero para el TEAC, y de ahí su énfasis en subrayar *"en esta letra e)"*, no se puede afirmar que la norma *"atribuye a las mismas el carácter de deducibles en todo caso y sin ninguna otra consideración"*.

Y no se puede, *"porque el precepto solo dice lo que dice: que no se entenderán comprendidas entre las liberalidades las retribuciones a los administradores por el desempeño de funciones de alta dirección, y, con ello, que no cabe negar la deducibilidad de tales gastos en atención a lo dispuesto en esta letra e)"*.

En definitiva, la exclusión que la letra e) hace, no impide la aplicación, para idéntico supuesto, de lo dispuesto en otras letras. Por lo tanto, con dicha exclusión solo se pretende salvar su no consideración como liberalidad.

Interpretación que coincide con el criterio de estricta legalidad a que el TS se refiere.

Criterio, recordemos, que niega la condición de liberalidad y centra únicamente el debate en una cuestión de estricta legalidad; criterio, como ya hemos dicho, que subyace, de hecho, en la práctica totalidad de la jurisprudencia del TS, a pesar de que se utilice tan solo para concluir sobre su no necesariedad, o su condición de liberalidad.

De ahí, precisamente, la razón de ser de los votos particulares que, disconformes con la calificación como liberalidad, sostienen que la no deducibilidad de las retribuciones es tan solo, una cuestión de estricta legalidad.

Pues bien; excluidas las retribuciones a las que nos referimos del concepto de liberalidad, de lo que se trata es de interpretar si es posible corregir el resultado contable por aplicación de la letra f) y, en su caso, de interpretar si existe una contradicción entre ambas letras y cuál de ellas prevalece.

Para el TEAC, la interpretación es clara.

En efecto; la interpretación de la letra e) se ha de *"(integrar) con que la normativa fiscal jamás ha permitido la deducibilidad fiscal de los gastos que vulneran el ordenamiento jurídico en su conjunto; algo que, además, la propia Ley 27/2014 ha venido a recoger así expresamente, y precisamente en el párrafo siguiente del que nos viene ocupando, pues según la letra f) de su art. 15: "no tendrán la consideración de gastos fiscalmente deducibles: f) Los gastos de actuaciones contrarias al ordenamiento jurídico""*.

Detengámonos de nuevo.

Que nosotros recordemos, la *"normativa fiscal"*, y hasta la entrada en vigor de la Ley 27/2014, nunca había negado expresamente la deducción de un gasto por ser contrario al ordenamiento.

Me refiero a que hasta dicho momento no ha existido ningún precepto que expresamente niegue la deducción de un gasto por ser contrario al ordenamiento jurídico.

Es cierto, eso sí, que se ha pretendido utilizar el art. 10.3 de la LIS como fundamento para ello, interpretando que la determinación del resultado contable *"de acuerdo con las normas previstas en el Código de Comercio"* exigía excluir como gasto las retribuciones que incumplían dicha normativa.

Sin embargo, y a pesar de ello, siempre se ha acabado reconduciéndolas al concepto de liberalidad.

En definitiva, y salvo en la Sentencia de 2 de enero de 2014, el TS ha negado siempre la deducción de tales retribuciones por tratarse de un gasto *"no necesario"*, o por considerarlas una *"liberalidad"*, conclusión, eso sí, que toma como punto de partida el incumplimiento de la normativa mercantil.

El matiz es importante porque una cosa es que su ilegalidad permita interpretar que el gasto no es necesario, por no ser obligatorio, o que es una liberalidad, y, otra, muy distinta, que la ilegalidad sea la que justifica, por sí misma, su no deducibilidad.

En este sentido, el TEAC cita correctamente la jurisprudencia del TS, pero, en nuestra opinión, descontextualiza un poco sus conclusiones al destacar, casi de forma exclusiva, la cuestión de estricta legalidad, como criterio determinante.

Así, por ejemplo, el TEAC subraya que la no deducibilidad de *"los gastos efectuados en contravención del ordenamiento jurídico"*, es un criterio *"que el T.S. viene avalando de manera diáfana, por ejemplo, en su sentencia de 11/02/2010"* que señala que *"la sentencia de instancia no introduce nada novedoso, se limita a aclarar que obviamente los gastos ilícitos no pueden ser deducidos por su idoneidad"*.

Sin embargo, y en nuestra opinión, la afirmación que el TEAC hace no es del todo exacta.

Lo que el TS ha avalado es la no deducibilidad de tales gastos, primero, por no ser necesarios y, después, por ser una liberalidad. Conclusión, eso sí, que utiliza como fundamento su no legalidad.

Por otra parte, la sentencia que se cita, que se refiere a la promoción de medicamentos, concluye desestimado el recurso por un problema de prueba.

El TEAC destaca también la sentencia del TS de 28 de octubre de 2015, en particular, su siguiente fundamento: *"la cuestión, por tanto, no se centra en la "necesariedad" del gasto como a veces se pretende, sino en su "legalidad", que, ha de inferirse de las normas que rigen la materia de las retribuciones de los Administradores en los respectivos textos que las regulan. Tal legalidad hay que entenderla referida, como también hemos señalado, no solo a los Estatutos sino a los límites que de la totalidad del ordenamiento jurídico pueden inferirse a la vista de las circunstancias concurrentes. Por eso, resulta insólita, como ya hemos dicho en alguna ocasión, cualquier interpretación que sostenga que en esta materia no es exigible un escrupuloso cumplimiento de la legislación mercantil".*

Sin embargo, la citada sentencia acaba concluyendo que las retribuciones que nos ocupan son una liberalidad. Y de ahí, precisamente, el voto particular que ésta recoge en el sentido de que no se trata de una liberalidad, sino de una cuestión de estricta legalidad.

Por tal motivo, las citas que el TEAC hace al TS no contextualizan, adecuadamente, el tema que nos ocupa, ya que dan a entender que la cuestión de legalidad es la que, de forma exclusiva, justifica la no deducibilidad de las retribuciones a los administradores con cargo gratuito.

En este contexto, el TEAC concluye en el sentido de que *"la única interpretación integradora de lo dispuesto al respecto en el art. 15.e) de la Ley del Impuesto y en la normativa mercantil, es que esa deducibilidad fiscal puede darse cuando entre en juego esa excepción que antes hemos dicho: que haya una (s) persona (s) que desarrolle (n) unas y otras funciones separadamente, de modo que sea –en palabras de la STS de 17/04/2015– "preciso y cierto, sin que sirvan a tales efectos situaciones ambiguas de realización por el administrador de actividades no suficientemente precisadas que se sitúen en el ámbito de las actuaciones de gestión, administración y representación de la sociedad, porque es incompatible con el citado régimen de transparencia y claridad que exige la normativa societaria"".*

Es decir que, en su opinión, el único punto de coincidencia entre el art. 15.e) y la norma mercantil es el caso que, bajo una única retribución como administrador, se retribuyen funciones *"ordinarias"* y *"directivas"*, supuesto en el que las primeras serían deducibles siempre que ambas sean susceptibles de poderse separar y cuantificar.

A ello se refiere al señalar que *"siempre se había venido admitiendo la deducibilidad fiscal de lo que una sociedad pudiera pagarle a uno de sus administradores o consejeros si el mismo le prestaba unos servicios como trabajador con funciones ordinarias, y el exagerado pero ilustrativo ejemplo que hemos puesto antes, es una buena muestra de ello: el sueldo que una sociedad le paga a unos de sus consejeros que fuera, además, conserje en una dependencia de esa sociedad; y lo mismo cabe decir si se lo pagaba como consecuencia de la prestación de unos servicios profesionales, como el caso del abogado que también hemos puesto como ejemplo antes".*

No en vano, el propio Tribunal señala con acierto que *"la exclusión como liberalidad de lo pagado a los administradores por el desempeño de otras funciones derivadas de un contrato de carácter laboral con la entidad, no (es) una novedad en sentido estricto, pues (...) siempre se había venido admitiendo la deducibilidad fiscal de lo que una sociedad pudiera pagarle a uno de sus administradores o consejeros si el mismo le prestaba unos servicios como trabajador con funciones ordinarias"*.

En consecuencia, y volviendo al problema de fondo, para el TEAC, las retribuciones a los administradores por el desempeño de funciones de alta dirección sin cobertura estatutaria, no son una liberalidad, pero no son fiscalmente deducibles por tratarse de *"gastos de actuaciones contrarias al ordenamiento jurídico"*.

Sorprende, eso sí, que el TEAC no tenga ninguna duda sobre la interpretación del art. 15 f); que no albergue ninguna duda sobre su interpretación literal. Que no haga al respecto ninguna referencia al Código Civil ni a los antecedentes que justifican esa nueva letra f).

Ello se debe, sin duda, a que el Tribunal considera que la letra f) introduce sin más la cuestión de legalidad en su interpretación literal; consideración que toma como referencia el criterio del TS al respecto en un análisis del mismo, pensamos, y con los debidos respetos, algo descontextualizado, obviando, además, otros antecedentes importantes como el informe de la DGT de 5 de marzo de 2007, y la interesante jurisprudencia del TJUE en materia de transacciones lícitas e ilícitas.

Se echa de menos también un mayor esfuerzo interpretativo del art. 15 e) bajo los parámetros del art. 3 del CC, esto es, de sus antecedentes históricos y legislativos, y que ayudaría sin duda a solventar el aparente conflicto entre las letras e) y f) del art. 15.

Y dada la naturaleza del Tribunal, se echa igualmente de menos la referencia al principio de irrelevancia de los vicios que afectan a la validez de los actos y/o negocios al que el art. 13 de la LGT se refiere.

Para el Tribunal no hay pues ninguna duda: *"la deducibilidad fiscal de las retribuciones de los administradores exige inexcusablemente que se cumpla con la normativa mercantil atinente a la materia"*.

Y volvemos a estar como estábamos.

De nada ha servido la reforma, sino para excluir las retribuciones de los administradores del concepto de liberalidad, y para recoger el criterio de la estricta legalidad en su versión más beligerante.

Para el TEAC, en definitiva, el principio de especialidad se aplica a la inversa: lo específico (el art. 15.e) no prevalece sobre lo genérico (el art. 15.f)).

Ello se debe, seguramente, a que para el Tribunal no hay *"especificidad"*. Hay, tan solo, dos letras cuya interpretación es independiente.

La letra e), cuya interpretación se limita a excluir las retribuciones como liberalidad, y la letra f) que exige negar la deducción como gasto a aquellos conceptos que derivan de actuaciones contrarias al ordenamiento.

Para el TEAC no existe pues un conflicto entre ambas letras, de tal suerte que la especialidad de la letra e) excluye la aplicación de su letra f).

Llegados a este punto, hay que preguntarse si esa interpretación es la correcta.

No hay ninguna duda de que, si la retribución a los administradores por sus funciones de alta dirección está prevista en los estatutos, su importe es gasto contable y deducible en el IS. Es más, siempre lo ha sido. Nadie ha cuestionado su condición de deducible ni nadie ha pretendido en ningún momento su calificación como liberalidad. Es obvio, pues, que tales casos no son realmente los que prevé el art. 15.e).

El problema, como ya sabemos, se centra en la retribución de los administradores con cargo gratuito, en particular, en la de los consejeros ejecutivos.

Tan solo en estos casos el TS las califica como una liberalidad.

Y ésta es, en nuestra opinión, la razón que justifica que el legislador niegue tal condición.

En definitiva, lo que el legislador está haciendo es aplicar el art. 13 de la LGT, esto es, reconocer que, a pesar de que las retribuciones contravengan el ordenamiento mercantil, es obvio que son un gasto para la empresa, y, en definitiva, una disminución de capacidad económica para la sociedad que las paga. Disminución que justifica, por cierto, que al tratarse de un aumento de riqueza imponible para el administrador que las percibe, su importe se ha de incluir como ingreso en el IRPF.

Desde esta perspectiva, lo absurdo es reconocer el negocio a los efectos del ingreso, y no hacerlo con relación al gasto. Si el negocio existe, éste surte plenos efectos, tanto con relación a los ingresos como a los gastos.

Pero ello exige, claro está, reconocer que la correcta aplicación del art. 15.f) se limita a los actos y/o negocios radicalmente prohibidos, esto es, a aquellos que, al no existir para el derecho, no producen ningún efecto.

Pero retomemos el tema bajo la hipótesis de una interpretación literal.

Decíamos que la intención del legislador con la exclusión que en su art. 15.e) hace, es zanjar el debate judicial en torno a la calificación de las retribuciones de los administradores como liberalidad.

De ser ésta la intención del legislador, no parece razonable interpretar que en su letra f) se pretenda lo contrario.

Por tanto, y a pesar de que su interpretación correcta sea la literal, la conclusión no puede ser otra que, en caso de conflicto, la norma especial es la que prevalece sobre la general.

De ser correcta la interpretación del TEAC, la exclusión que el art. 15.e) recoge, es, como ya hemos dicho, absolutamente innecesaria.

Y lo es, porque la letra f) es, sin más, suficiente para negar la deducción como gasto de las retribuciones que incumplen la normativa mercantil, ya que, para las que no la incumplen, la exclusión de la letra e) es innecesaria, pues nadie ha puesto nunca en duda que la retribución que los altos directivos perciben de la compañía, por sus funciones de alta dirección, y que son a su vez administradores, son deducibles, siempre que los estatutos la prevean.

En definitiva, si la voluntad del legislador era negar la deducción del gasto por ser contrario al ordenamiento jurídico, la referencia de su letra e) sobra. Basta con la letra f).

Por el contrario, si su voluntad era clarificar su deducibilidad, la letra e) era conveniente y necesaria.

El art. 15.e) se refiere, pues, a un supuesto que, de no recogerse expresamente, y en aplicación del criterio del TS, sería una liberalidad.

No es de extrañar, por tanto, que el propio TEAC afirme que *"pudiera pensarse que la norma atribuye a (tales retribuciones) el carácter de deducibles en todo caso y sin ninguna otra consideración"*.

Esta, sin más, es en nuestra opinión, la intención del legislador.

En consecuencia, el criterio del TEAC no se ajusta a derecho: la finalidad del art. 15.e) impide en este caso la aplicación de su letra f) aun en su interpretación literal.

Pero la importancia de su resolución, que ya es mucha, no finaliza ahí.

En efecto; el Tribunal analiza también los efectos que en el ámbito tributario tiene la Sentencia de la Sala de lo Civil del TS, en su Sentencia de 26 de febrero de 2018, con relación al art. 249 de la LSC.

Recordemos que el tema se circunscribe a la retribución de un consejero ejecutivo con cargo de administrador gratuito, situación, recordémoslo, refrendada por la DGRN.

Pues bien; el TEAC recuerda con acierto que a los seis días de que la Ley 27/2014 del IS entrara en vigor, se produjo la aprobación de la Ley 31/2014, de 3 de diciembre, por la que se modifica la LSC, en la que, entre otras modificaciones, se da una nueva redacción a los preceptos que regulan la retribución de los administradores.

Subraya también, que el alcance de dicha modificación ha sido analizado por el TS, en su Sentencia de la Sala de lo Civil de 26 de febrero de 2018.

El TEAC reconoce expresamente que, dicha modificación, se interpretó por numerosa doctrina científica, por determinados Tribunales de Justicia (entre otras, las Audiencias Provinciales de Barcelona y de Palma de Mallorca), y por la propia DGRN (Resoluciones de 30/07/2015, 10/05/2016 y 17/06/2016), en el sentido de que, sin perjuicio de que sus estatutos establecieran que los cargos de sus consejeros fueran gratuitos, las sociedades, al amparo de lo dispuesto en el art. 249 de la LSC, podían retribuir a sus Consejeros Delegados y a aquellos consejeros a los que se les hubieran atribuido funciones ejecutivas.

Tal circunstancia, como también reconoce el TEAC, tiene una evidente trascendencia tributaria, pues, a pesar de que los estatutos prevean que los cargos de sus administradores o consejeros son gratuitos, las retribuciones del Consejero Delegado y/o de su Consejero Ejecutivo, cumplen con la legalidad mercantil, y, por tanto, las retribuciones son fiscalmente deducibles.

Y no solo eso, es que, de ser así, prosigue, *"esa previsión daría una razón de ser y una nueva vida a esa previsión del art. 15.e) (...) puesto que podría entenderse que los administradores que desempeñan funciones de alta dirección son los Consejeros Delegados y los Consejeros ejecutivos, cuyas retribuciones vendrían respaldadas mercantilmente por lo dispuesto en el art. 249 del T.R. de la LSC, y fiscalmente por lo dispuesto en ese inciso del art. 15.3 de la Ley 27/2014. Una hábil construcción que avalaría una deducción fiscal autónoma de las retribuciones de los Consejeros Delegados y de los Consejeros ejecutivos que cumpliesen los requisitos que contempla el art. 249 del TR de la LSC"*.

No hay que olvidar que la Ley 27/2014 es seis días anterior a la 31/2014; circunstancia que hace imposible que el art. 15.e) de la Ley estuviera pensando en un precepto que todavía no había nacido al mundo del derecho.

Pero la interpretación, no siendo en nuestra opinión correcta, podría ser acertada.

Sea como fuere, el TEAC se apresura en afirmar que esa interpretación mercantil *"ha sido rotundamente desechada por el T.S. en la referida sentencia de 26/02/2018, en la que la Sala de lo Civil no comparte esa interpretación de que las retribuciones de los Consejeros Delegados y de los Consejeros ejecutivos esté regulada autónomamente en el art. 249 del T.R. de la LSC"*.

En consecuencia, y en opinión del TEAC, *"la conclusión a la que hay que llegar es que, a los efectos que nos ocupan, esa modificación de la legislación mercantil no invalida ninguna de las conclusiones a las que hemos llegado"*: si los estatutos recogen que los cargos de los administradores son gratuitos, *"las retribuciones de los Consejeros Delegados y de los consejeros ejecutivos tampoco serán fiscalmente deducibles"*.

Por si hubiera alguna duda, el TEAC hace un aviso a navegantes: *"en el ámbito tributario se sigue insistiendo en no pocas ocasiones en la deducibilidad fiscal de lo pagado a los Consejeros Delegados y a los Consejeros ejecutivos, con el argumento de que esa deducibilidad fiscal basta con que esté amparada por los contratos que preceptivamente los mismos tienen que tener firmados con la sociedad"*. Y aclara: *"pero no es así"*.

Y lo justifica. Según el TS *"es diáfano que los contratos con los Consejeros Delegados y con los Consejeros ejecutivos también deben respetar las previsiones estatutarias, y entre éstas y en su caso la de "no retribución a los administradores"; con lo que, si los estatutos prevén que los cargos de los administradores serán no retribuidos, y, a pesar de ello, un contrato con un Consejero Delegado o con un Consejero ejecutivo (...) recoge una retribución en favor del mismo en razón de tal cargo, la existencia de tal retribución sería un pacto entre esas dos partes que iría en contra de lo dispuesto en el art. 217 del T.R. de la LSC y en los estatutos sociales, en suma un pacto contrario al ordenamiento".* Pacto contrario al ordenamiento, que *"nunca podrá amparar una deducibilidad fiscal"*.

En definitiva, *"la deducibilidad fiscal de las retribuciones de los administradores exige inexcusablemente que se cumpla con la normativa mercantil atinente a la materia"*; una normativa *"que lo primero que exige es que debe constar en los estatutos la posibilidad de que los cargos de los administradores o consejeros puedan ser retribuidos"*.

Afirmación que ignora el principio de *"abuso de la formalidad"* que, en determinadas circunstancias, niega la ilegalidad de la retribución a pesar de que los estatutos establezcan el carácter no retribuido del cargo de administrador.

De hecho, no lo ignora, sino que, en realidad, lo descalifica.

En efecto. El TEAC recuerda que en el ámbito tributario, y en los ámbitos civil-mercantil y laboral, *"suelen ser frecuentes alegaciones en las que se apela a que la contravención de esa exigencia mercantil pasa de ser un irregularidad sustantiva o material a ser una mera irregularidad formal cuando la sociedad concernida tiene un único socio, pues es evidente que tal socio conoce y consiente las retribuciones que reciben los administradores o consejeros de su sociedad, que es suya en cuanto que socio único que es; y lo mismo en el caso de sociedades con dos o tres socios que son miembros de una misma familia"*.

Un argumento, señala, *"sugestivo, pero que no puede aceptarse"*.

Y prosigue. La finalidad de una norma, *"sobre todo si la misma es evidente o expresa, constituye un criterio hermenéutico para su interpretación tildado de fundamental en el art. 3.1 del Código civil, y es muy posible que haya sido además lo que haya llevado al legislador a aprobarla y publicarla. Eso es así. Pero, una vez aprobadas, publicadas y cuando ya están en vigor, las normas cobran vida propia, dicen lo que dicen "según el sentido propio de sus palabras", y deben aplicarse para los supuestos que las mismas contemplen, los haya previsto el legislador, o no"*.

Y continúa. *"Cuando el legislador aprobó que "el cargo de administrador es gratuito, a menos que los estatutos sociales establezcan lo contrario determinando el sistema de remuneración" (...) parece evidente que lo hizo por los motivos expuestos, pero una vez que lo hizo, y esa previsión pasó a estar en la ley, esa previsión han de aplicarla todas las sociedades de capital, que (...) "en cuanto no se rijan por disposición legal que les sea específicamente aplicable, quedarán sometidas a los preceptos de esta ley"; y ello aunque tengan un único accionista"*.

En definitiva, ninguna referencia, en este caso, a la jurisprudencia del TS que, como sabemos, sostiene todo lo contrario a lo que el TEAC considera un argumento *"sugestivo, pero que no puede aceptarse"*.

El Tribunal nos deja además otra reflexión: *"una sociedad, con un único socio, no debe tener especiales dificultades mercantiles para modificar sus Estatutos Sociales; modificación estatutaria en los aspectos que aquí nos ocupan que, de llevarse a cabo, finiquita toda esta problemática"*.

Se olvida sin duda el Tribunal, que el problema se soluciona si se aplica correctamente el art. 13 de la LGT.

Para el Tribunal, tampoco es trascendente que la Sentencia de 26 de febrero de 2018 no fije jurisprudencia, ni que sea contraria a la doctrina mercantil hoy mayoritaria.

En este sentido, la propia DGRN recuerda en su Resolución de 4/6/2020, que *"el criterio mantenido por la Sección Primera de la Sala de lo Civil del Tribunal Supremo en la Sentencia de 26 de febrero de 2018 es el único pronunciamiento dictado en tal sentido"* y se aparta *"de lo que venía siendo el criterio mayoritario"* (Resolución de 31/10/2018).

El TEAC, es cierto, no es ajeno a los comentarios que la DGRN hace en su Resolución.

No obstante, y a pesar de reconocer que *"se trata de una única sentencia, con lo que en puridad no puede hablarse de "jurisprudencia" en el sentido que lo exige el art. 1.6 del Código civil ("la jurisprudencia complementará el ordenamiento jurídico con la doctrina que, de modo reiterado, establezca el Tribunal Supremo ...")"*, considera que *"el análisis que el T.S. hace en esas sentencias al interpretar las instituciones mercantiles concernidas es claro, extenso y rotundo"*.

Para el Tribunal no es pues trascendente que lo declarado por la Sentencia de 26 de febrero de 2018 no fija jurisprudencia que, como el art. 1.6 del CC establece, *"complementará el ordenamiento jurídico con la doctrina que,* ***de modo reiterado****, establezca el Tribunal Supremo al interpretar y aplicar la ley, la costumbre y los principios generales del derecho"*.

El Tribunal tampoco es ajeno a la mayoritaria doctrina en contra del criterio del TS.

No sin razón se refiere a que *"no pocos operadores jurídicos, como ciertos Tribunales de justicia (las Audiencias Provinciales de Barcelona y de Palma de Mallorca) y la Dirección General de los Registros y el Notariado (Resoluciones de 30/07/2015, 10/05/2016 y 17/06/2016), entendieron que, sin perjuicio de que sus estatutos establecieran que los cargos de sus consejeros fueran gratuitos, las sociedades podrían retribuir a sus Consejeros Delegados y a aquellos Consejeros a los que se les hubieran atribuido funciones ejecutivas (en adelante "Consejeros ejecutivos") al amparo de lo específicamente dispuesto en ese art. 249, pues el mismo regularía de manera autónoma la retribución de los mismos"*.

Pero para el TEAC todo ello no parece suficiente.

El TEAC olvida, igualmente, que la jurisprudencia del TS es con carácter general contraria a la restitución de las cantidades satisfechas a los administradores al amparo de su presunta ilegalidad.

Así lo reconoce, por ejemplo, la Sección 1ª de la Sala de lo Civil del TS en sus sentencias, entre otras, de 18/6/2013 ([87]), 11/9/2015 ([88]) y 19/09/2017 ([89]), o la Sección 28ª de la Audiencia Provincial de Madrid en su sentencia de 08/03/2019 ([90]).

En definitiva, el Tribunal ignora que la jurisprudencia mayoritaria considera que, a pesar de que los estatutos establezcan lo contrario, la retribución satisfecha al administrador con conocimiento de los socios no es restituible, y, por ende, no es contraria al ordenamiento jurídico.

Pero hay más.

En efecto; el TEAC recoge también una última afirmación con relevancia en el ámbito tributario.

En efecto; recuerda éste con acierto que *"otra objeción o alegación que es frecuente encontrar frente a regularizaciones con las que la Administración no ha admitido la deducibilidad fiscal de las retribuciones de los administradores de una sociedad, es que tal regularización tiene como consecuencia una sobreimposición y un enriquecimiento injusto de la Administración, pues esas rentas tributan en sede del I. s/ Soc., al no admitirse su deducción, y en sede del I.R.P.F. al ser rentas para sus perceptores, los administradores de que se trate"*.

Argumento, concluye, de *"nula consistencia"* pues es *"reiteradamente rechazado por el T.S."*.

Tras citar algunas de sus sentencias, en concreto, la de 26 de septiembre de 2013, y la de 9 de febrero de 2012, el TEAC señala que *"el sistema tributario español acepta con total naturalidad que unas mismas rentas tributen por el (IS) y por el I.R.P.F, como, por ejemplo, cuando una sociedad tiene beneficios (...) y tributa por el (IS), y luego cuando esos beneficios se distribuyen como dividendos a accionistas personas físicas, éstos deben tributar por ellos en el I.R.P.F. Algo que innumerables sujetos pasivos del I.R.P.F. que reciben dividendos de sociedades y tributan por ellos todos los años aceptan, ya lo hemos dicho, con total naturalidad"*.

En fin, concluye, *"un argumento claramente irrelevante que no debe tomarse en consideración"*.

El Tribunal se olvida sin duda que el ejemplo que describe nada tiene que ver con lo que decimos.

Es obvio que el mismo se refiere a los beneficios de una sociedad que, al distribuirse, tienen su lógica consecuencia en el impuesto sobre la renta del socio, consecuencia, sin más, de la coordinación que rige la relación entre el IS y el IRPF, y la naturaleza de pago a cuenta que el IS tiene.

---

87 STS 3443/2013 de 18 de junio de 2013, nº recurso 365/2011.

88 STS 3725/2015 de 11 de septiembre de 2015, nº recurso 2095/2013.

89 STS 3281/2017 de 19 de septiembre de 2017, nº recurso 390/2015.

90 SAP MADRID 116/2019 de 8 de marzo de 2019, nº recurso 1331/2017.

Nada que ver con las consecuencias de aplicar correctamente el art. 13 de la LGT y que establece la irrelevancia de los vicios que afectan a un acto y/o negocio; principio que hay que aplicar con todas sus consecuencias, y no solo cuando lo es en beneficio de la Hacienda Pública.

Y nada que ver tampoco con el carácter no deducible de un gasto por expresa decisión del legislador que, aun contraviniendo el principio de capacidad económica, se considera ingreso en el IRPF.

3. Interpretación por parte de la DGT: la retribución por funciones distintas al cargo de administrador

La doctrina de la DGT con relación al art. 15.e) no es lo clarificadora que sería deseable y, como veremos, deja pendiente de resolver la cuestión más importante: la retribución de los administradores con cargo gratuito, en particular, de los consejeros ejecutivos sin previsión estatutaria.

Salvo error de búsqueda, lo cierto es que no se le ha planteado a la DGT ninguna cuestión al respecto, en concreto, si la retribución al administrador con carácter gratuito y por sus funciones directivas, es deducible.

Al contrario, todas las cuestiones que se le han planteado se limitan a consultar la deducibilidad como gasto de la retribución que el administrador percibe por funciones distintas a su condición como tal.

La DGT tampoco ha dictado ninguna resolución que aporte luz sobre la interpretación del art. 15.e) de la Ley 27/2014.

Se refiere a él, eso sí, en todas sus resoluciones sobre la retribución de los administradores, pero no profundiza sobre el alcance de la exclusión que la letra e) recoge, ni su posible interpretación con su letra f).

La estructura de las distintas resoluciones es prácticamente idéntica en todas ellas.

Tras remitirse a los arts. 10.3 (determinación de la base imponible), 11 (imputación temporal y contable de los ingresos y gastos), 15.e) (gastos no deducibles por donativos y liberalidades), y 18 (operaciones vinculadas), concluye, primero, y, con carácter general, sobre la deducción fiscal de todo gasto contable, y resuelve, después, el caso en concreto que se le plantea.

Las diferencias entre unas y otras resoluciones están en los matices que se recogen en cada una de ellas.

Así, en las primeras consultas planteadas con relación a la retribución del administrador con cargo gratuito al que se le retribuye por funciones distintas, la DGT señala que *"todo gasto contable será gasto fiscalmente deducible a efectos del Impuesto sobre Sociedades siempre que cumpla las condiciones legalmente establecidas, en términos de inscripción contable, imputación con arreglo a devengo, correlación de ingresos y gastos y justificación documental"*, y matiza, ***"siempre que no tenga la consideración de gasto fiscalmente no deducible por aplicación de algún precepto específico establecido en la LIS"*** ([91]); matiz, este último, que, en algunas resoluciones se omite ([92]), y que, en otras, se sustituye por la expresión de *"que no tengan la consideración de gasto fiscalmente no deducible conforme a lo establecido* ***en el artículo 15 de la LIS"*** ([93]).

A continuación, y de acuerdo con lo anterior, resuelve el caso concreto señalando, primero, que *"los gastos relativos a las retribuciones de los socios personas físicas por el trabajo desarrollado en la entidad consultante, serán gastos fiscalmente deducible a efectos del Impuesto sobre Sociedades, siempre que cumplan las condiciones legalmente establecidas, en los términos de inscripción contables, imputación con arreglo a devengo correlación de ingresos y gastos y justificación"*, y matizando, después, ***"al no tratarse de una liberalidad"*** ([94]); matiz que, en otras resoluciones, se sustituye por la afirmación de que ***"dichos gastos constituyen la contraprestación de las funciones desempeñadas por los socios, distintas de las correspondientes a los de administrador"*** ([95]). Afirmación, en fin, que, en otras resoluciones, se omite ([96]), o se concreta de forma distinta indicando que ***"dichos gastos no se entienden comprendidos en la categoría de donaciones y liberalidades del artículo 15 de la LIS"*** ([97]).

Como se puede ver, las resoluciones aportan poca luz sobre el problema objeto de controversia.

Queda claro, eso sí, lo que ya sabíamos, esto es, que la retribución al administrador es fiscalmente deducible siempre que cumpla los requisitos legalmente exigidos en materia contable y que no deba ser objeto de corrección en aplicación del art. 15 de la LIS.

---

91 Vid, entre otras, las Resoluciones V1622-15, V1620-15, V1614-15, y V2004-15, de 26/05/2015, V2335-15, y V2334-15, de 24/07/2015, V2434-15, de 30/7/2015, V3788-15, de 30/11/2015, V3787-15, V3774-15, y V3765-15, de 30/11/2015, V3797-15, y V3796-15, de 1/12/2015, V0665-16, de 17/2/2016, V1735-16, de 20/4/2016, V1799-16, de 22/4/2016, V1986-16, y V1984-16,de 9/5/2016, V2093-16, de 13/5/2016, V3106-16, de 5/7/2016, V3523-16, de 27/7/2016, V3854-16, V3853-16, y V3852-16 de 13/9/2016, V3876-16, de 14/9/2016, V3921-16, de 16/9/2016, V4013-16, de 21/09/2016, y V2176-19, de 14/08/2019.

92 Vid, entre otras, la Resolución V1614-15, de 26/5/2015, y V1760-15, de 3/6/2015.

93 Resoluciones V2223-16, de 23/5/2016, y V1417-19, de 12/06/2019.

94 Vid, entre otras, las Resoluciones V1622-15, V1620-15, V1613-15, y V1614-15, de 26/05/2015.

95 V2004-15, de 26/6/2015, V2335-15, y V2334-15, de 24/07/2015, V2434-15, de 30/7/2015, V3788-15, V3787-15 y V3774-15, de 30/11/2015, y V3765-15, de 30/11/2015, V3797-15, y V3796-15, de 1/12/2015, V0665-16, de 17/2/2016, V1735-16, de 20/4/2016, V1799-16, de 22/4/2016, y V1984-16, de 9/5/2016, V3777-16, de 8/9/2016, V3852-16, de 13/9/2016, V3921-16, de 16/9/2016, V4013-16, de 21/09/2016.

96 Resoluciones V1986-16, de 9/5/2016, y V3853-16, de 13/9/2016.

97 Resolución V5138-16, de 28/11/2016.

Nada nuevo, pues, de lo que ya sabíamos.

No obstante, cabe preguntarse el porqué de la reiterada expresión que la DGT utiliza en el sentido de que son deducibles *"por cuanto dichos gastos constituyen la contraprestación de las funciones desempeñadas por los socios, distintas de las correspondientes a los de administrador".*

¿A qué se está refiriendo la DGT?

Una opción, es que se refiera a funciones directivas distintas a las que al administrador le corresponden. Pero ¿qué aporta entonces la referencia?

Recordemos que nos estamos refiriendo a la retribución que percibe el socio-administrador por funciones distintas a las propias de su condición como tal.

¿Querrá decir que, si se trata de funciones directivas propias del administrador, no son deducibles si el cargo es gratuito?

De ser así, ¿a qué se refiere el art. 15.e) al excluir del concepto de liberalidad a las retribuciones al administrador por funciones de alta dirección?

¿Se está refiriendo a funciones de alta dirección distintas de las que le corresponden en su condición de tal?

¿Existen tales funciones?

Para intentar resolver estos interrogantes, centrémonos en las resoluciones en las que el administrador tiene el cargo retribuido y percibe también una retribución por funciones distintas.

En estos casos, y en sus primeras resoluciones, la DGT se remite, primero, al art. 217 de la LSC, y recuerda que *"el cargo de administrador es gratuito, a menos que los estatutos sociales establezcan lo contrario determinando el sistema de retribución".*

Y, a continuación, señala que *"las retribuciones que perciban los socios-administradores, correspondientes a la prestación de servicios (por funciones ordinarias)* ***así como a la prestación de servicios propios de su cargo de administrador, siempre que esta última cumpla con los requisitos mercantiles exigidos en el artículo 217 del texto refundido de la (LSC),*** *tendrán la consideración de gasto fiscalmente deducible, en la medida en que cumplan los requisitos legalmente establecidos en términos de inscripción contable, devengo, correlación de ingresos y gastos y justificación documental"* ([98]).

Es obvio, pues, que en opinión de la DGT la deducibilidad de la retribución del administrador exige cumplir con la normativa mercantil.

En parecidos términos se pronuncia en otra de sus resoluciones al señalar que *"serán gastos contables que podrían tener la consideración de fiscalmente deducibles en el Impuesto sobre Sociedades, en la medida en que retribuyan el trabajo o*

98 Resolución V1665-15, de 28/05/2015.

los servicios prestados a la sociedad y siempre que cumplan ***las condiciones legalmente establecidas****, con independencia de la naturaleza (laboral o mercantil) de la relación que una a la socia y administradora con la sociedad"* ([99]).

Sin embargo, en sus posteriores resoluciones, y salvo excepciones, se omite toda remisión a la LSC y a los requisitos mercantiles exigidos en ella.

Es más. En algunas parece que tal remisión es irrelevante.

Este es el caso de la Resolución V3788-15, de 30 de noviembre de 2015, que tras señalar, como siempre, que *"los gastos relativos a las retribuciones del socio por el trabajo desarrollado, son gastos fiscalmente deducibles a efectos del Impuesto sobre Sociedades, siempre que cumplan las condiciones legalmente establecidas, en los términos de inscripción contables, imputación con arreglo a devengo y justificación"*, afirma, ***"igualmente, con los mismos requisitos serán deducibles las retribuciones del administrador por el ejercicio de su cargo"*** ([100]), o que *"las retribuciones satisfechas al socio en concepto de administrador o en concepto de trabajador de la entidad consultante* ***serán fiscalmente deducibles cuando concurran las anteriores circunstancias****"* ([101]).

Parece, pues, que lo único relevante ahora es que se cumplan las condiciones legalmente establecidas, en los términos de inscripción contable, imputación con arreglo a devengo y justificación.

Sin embargo, en su posterior Resolución V2223-16, de 23 de mayo de 2016, la DGT señala de nuevo que *"en este punto* ***es preciso traer a colación lo dispuesto en el artículo 217.1*** *(de la LSC) con arreglo al cual "el cargo de administrador es gratuito, a menos que los estatutos sociales establezcan lo contrario determinando el sistema de retribución""*.

Y prosigue. *"De acuerdo con lo señalado en la consulta,* ***el cargo de administrador es retribuido****, teniendo en cuenta que el complemento o mejora de la retribución que pretende acordar la sociedad no son sino una retribución complementaria reconocida a favor de quienes hubiesen ocupado el cargo de administrador hasta alcanzar la edad de jubilación, tal complemento o mejora reconocido no es sino una retribución adicional al cargo de administrador por lo que* ***tendrá la consideración de fiscalmente deducible siempre y cuando no se supere la retribución máxima del cargo de administrador estatutariamente pactada, y, en todo caso, siempre que el mencionado complemento o mejora se hubiese acordado con arreglo a la normativa mercantil vigente****, no siendo competencia de este Centro Directivo la interpretación de dicha rama del Derecho"*.

Por el contrario, en su posterior Resolución V3106-16, de 5 de julio de 2016, se limita de nuevo a señalar que *"los gastos relativos a las retribuciones del socio serán*

99 Resolución V1763-15, de 03/06/2015.

100 Resolución V1735-16, de 20/04/2016.

101 Resolución V2093-16, de 13/05/2016.

gastos fiscalmente deducibles a efectos del Impuesto sobre Sociedades, siempre que cumplan las condiciones legalmente establecidas, en los términos de inscripción contables, imputación con arreglo a devengo y justificación".

Es cierto que, en este caso en concreto, y aunque en la consulta se plantea que el cargo de administrador es retribuido, en la contestación no se precisa a qué retribución en concreto se refiere.

Circunstancia que no ocurre en su posterior Resolución V3523-16, de 27 de julio de 2016, en la que la DGT señala que *"**tanto los gastos relativos a las retribuciones a la administradora por su trabajo de dependienta, como por las propias de administrador**, serán gastos fiscalmente deducibles a efectos del Impuesto sobre Sociedades, siempre que cumplan las condiciones legalmente establecidas, en los términos de inscripción contable, imputación con arreglo a devengo y justificación"* ([102]).

Sin embargo, en su Resolución V2176-19, de 14 de agosto de 2019, vuelve a hacer referencia a la normativa mercantil y señala que *"los gastos relativos correspondientes **tanto a las retribuciones del socio administrador como de ambos socios en su condición de trabajadores** serán gastos fiscalmente deducibles a efectos del Impuesto sobre Sociedades, **siempre que cumplan las condiciones legalmente establecidas tanto a efectos mercantiles y laborales**, respectivamente, como en lo que respecta a los requisitos de inscripción contable, imputación con arreglo a devengo y justificación, previamente señalados".*

A lo anterior, y como mayor motivo de preocupación, hay que añadir el tratamiento aparentemente expansivo que la DGT hace de las funciones de dirección.

Así, por ejemplo, en su Resolución V3104-16, de 5 de julio de 2016, cuya consulta versa sobre un administrador que, por sus funciones como tal, no percibe ninguna retribución, y que, según se manifiesta en la consulta, desarrolla ***"otras funciones de alta dirección"***, por las que sí percibe una retribución.

Pues bien; en opinión de la DGT, la retribución que el socio percibe por realizar *"**otras funciones de alta dirección** son gastos fiscalmente deducibles a efectos del (IS), siempre que cumplan las condiciones legalmente establecidas, en los términos de inscripción contables, imputación con arreglo a devengo y justificación, **en la medida en que dichos gastos constituyan la contraprestación de las funciones desempeñadas por los socios, distintas de las correspondientes a los de administrador**"*.

Así mismo, en su Resolución V3921-16, de 16 de septiembre de 2016, se plantea también el supuesto de un administrador con cargo gratuito y que percibe una retribución por su trabajo personal y directo y ***"por sus funciones de alta dirección"***.

102 Resolución V3854-16, de 13/9/2016

En opinión de la DGT, la retribución satisfecha por la sociedad a los socios en el ejercicio de "***funciones distintas a las propias de administrador*** *serán gastos fiscalmente deducibles a efectos del Impuesto sobre Sociedades, siempre que cumplan las condiciones legalmente establecidas, en los términos de inscripción contables, imputación con arreglo a devengo y justificación*".

Lo mismo ocurre, aunque de forma indirecta y algo más confusa, en las Resoluciones V5138-16, de 28 de noviembre de 2016, V3777-16, de 8 de septiembre de 2016, V1984-16, y V1986-16, de 9 de mayo de 2016, en las que se consulta, también, sobre la deducibilidad de la retribución que percibe un administrador con cargo gratuito y que percibe una retribución por "*tareas de dirección*" o por "*funciones de alta dirección*".

Pues bien; ¿a qué otras funciones de alta dirección la DGT se refiere? ¿son las mismas a las que la letra e) se refiere?

La pregunta nos invita a precisar una cuestión terminológica importante y que creo que, en ocasiones, dificulta visualizar bien la realidad que tras la misma se esconde.

Me refiero a la distinción entre funciones de "*alta dirección*", funciones "*directivas*", funciones "*propias del cargo de administrador en su condición de tal*" y funciones "*ejecutivas*".

Recordar, ante todo, que personal de alta dirección es el que corresponde a "*aquellos trabajadores que ejercitan* ***poderes inherentes a la titularidad jurídica de la Empresa, y relativos a los objetivos generales de la misma, con autonomía y plena responsabilidad solo limitadas por los criterios e instrucciones directas emanadas de la persona o de los órganos superiores de gobierno y administración de la Entidad*** *que respectivamente ocupe aquella titularidad*" (art. 1 Dos del Real Decreto 1382/1985).

Por su parte, el art. 2.1.a), del Estatuto de los Trabajadores, establece que se considera relación laboral de carácter especial la del personal de alta dirección no incluido en el artículo 1.3.c), esto es, "***la actividad que se limite****, pura y simplemente,* ***al mero desempeño del cargo de consejero*** *o miembro de los órganos de administración en las empresas que revistan la forma jurídica de sociedad y* ***siempre que su actividad en la empresa solo comporte la realización de cometidos inherentes a tal cargo***".

Y recordar, por último, que el art. 236.4 de la LSC, señala que "***cuando no exista delegación permanente de facultades del consejo en uno o varios consejeros delegados, todas las disposiciones sobre deberes y responsabilidad*** *de los administradores* ***serán aplicables a la persona****, cualquiera que sea su denominación,* ***que tenga atribuidas facultades de más alta dirección*** *de la sociedad, sin perjuicio de las acciones de la sociedad basadas en su relación jurídica con ella*".

Funciones de "*alta dirección*" son pues aquéllas que se realizan "*con autonomía y plena responsabilidad*" y que solo están limitadas por "*los criterios e instrucciones directas emanadas de la persona o de los órganos superiores de gobierno*". No hay pues más subordinación jerárquica que la del propio órgano de administración.

Se trata, por tanto, de funciones *"inherentes a la titularidad jurídica de la Empresa, y (relativas) a los objetivos generales de la misma".*

Tales funciones de *"alta dirección"* no se pueden confundir con las *"directivas"* o de *"dirección"*, que son las propias de cualquier directivo de la empresa.

Ambas funciones son distintas.

Las primeras, las funciones de *"alta dirección"*, son, para entendernos, las propias de un Director General, o *"CEO"* (Chief Executive Officer).

En este sentido, director general, presidente ejecutivo, gerente, o consejero delegado, son expresiones que se utilizan indistintamente para hacer referencia a la persona de máxima autoridad responsable de la denominada gestión y dirección de la empresa.

Las segundas, las funciones *"directivas"*, son las propias de los directivos jerárquicamente subordinados a la Dirección General y que integran, por ejemplo, los denominados Comités de Dirección.

Este es el caso, por ejemplo, de los Directores de Departamento, esto es, el COO (Chief Operating Officer), o director de operaciones; el CFO (Chief Financial Officer), o director financiero; el CO (Chief Communications Officer), o director de comunicación; o, por ejemplo, el CMO (Chief Marketing Officer), o director de marketing.

Ambas funciones se consideran además funciones *"ejecutivas"*.

Así, por ejemplo, el art. 529 duodecies, 1, de la LSC establece que ***"son consejeros ejecutivos aquellos que desempeñen funciones de dirección en la sociedad o su grupo, cualquiera que sea el vínculo jurídico que mantengan con ella"***. No obstante, prosigue, ***"los consejeros que sean altos directivos** o consejeros de sociedades pertenecientes al grupo de la entidad dominante de la sociedad tendrán en ésta la consideración de dominicales".*

Desde esta perspectiva, mientras el Consejero Delegado es un consejero ejecutivo que desarrolla funciones de *"alta dirección"*, el Consejero directivo es un consejero ejecutivo que desempeña funciones de *"dirección"*.

En este sentido, cuando el art. 249.1 de la LSC se refiere a que *"el consejo de administración podrá designar de entre sus miembros a uno o varios consejeros delegados o comisiones ejecutivas"*, se está refiriendo a delegar las funciones ejecutivas de *"alta dirección"* que corresponden al Consejo y que, como tal, son delegables.

Se trata, pues, de las funciones de *"gestión y dirección ordinaria"* que competen al órgano de administración.

Sin embargo, cuando su art. 249 se refiere en su número 3 al consejero al que *"se le atribuyan funciones ejecutivas en virtud de otro título"*, se está refiriendo a funciones ejecutivas de *"dirección"* o, sin más, a funciones directivas.

En consecuencia, existen consejeros con funciones de alta dirección, y consejeros con funciones directivas. Mientras que los primeros son los consejeros delegados, los segundos son los consejeros directivos. Ambos, eso sí, son consejeros *"ejecutivos"*.

Por su parte, se acostumbra también a distinguir entre funciones propias del cargo de administrador, y otras funciones.

Se trata de una distinción terminológica que se presta a confusión ya que las funciones propias del cargo de administrador son tanto las *"indelegables"* como las *"delegables"*, esto es, las *"deliberativas"* y las de *"gestión y dirección"*.

Sin embargo, tal distinción se utiliza para discernir entre funciones propias de los administradores *"en su condición de tales"*, y funciones *"ejecutivas"*.

Así, por ejemplo, la LSC, y con relación a las sociedades cotizadas, distingue entre la remuneración de los consejeros *"por su condición de tal"* (art. 529 septdecies), y la remuneración de los consejeros por el desempeño de *"funciones ejecutivas"* (art. 529 octodecies); funciones, estas últimas, que incluyen tanto las de alta dirección, como las de dirección.

Esta distinción está también implícita en las resoluciones de la DGRN.

Así, por ejemplo, en su resolución del 17/6/2016, señala que cuando existe un Consejo de Administración, ***"las funciones inherentes al cargo de consejero se reducen a la llamada función deliberativa"*** esto es, a la *"función de estrategia y control que se desarrolla como miembro deliberante del colegio de administradores"*.

Por el contrario, prosigue, ***"la función ejecutiva"***, esto es, *"la función de gestión ordinaria que se desarrolla individualmente mediante la delegación orgánica o en su caso contractual de facultades ejecutivas"*, no ***"es una función inherente al cargo de "consejero" como tal"***. Se trata de una *"función adicional que nace de una relación jurídica añadida a la que surge del nombramiento como consejero por la junta general; que nace de la relación jurídica que surge del nombramiento por el consejo de un consejero como consejero delegado, director general, gerente u otro"*.

Distinguidas las funciones, es obvio que el administrador puede desempañar simultáneamente ambas funciones ejecutivas, esto es, las de alta dirección, y las directivas.

Acumulación de funciones que es más habitual cuanto más pequeña es la empresa, y menos habitual cuanto mayor es su tamaño.

Desde esta perspectiva, la retribución del administrador puede ser por cada una de tales funciones, o por ambas.

Pero, además, junto a estas dos funciones, coexisten, también, otras "*funciones*" que no son funciones estrictamente directivas, y que podríamos denominar funciones *"ordinarias"*, *"comunes"*, o *"profesionales"* en su sentido más amplio.

Se trata, por ejemplo, de las funciones propias de un comercial, un agente de seguros, una dependienta, un peluquero, un ferretero, un ingeniero, etc.; funciones, objetivamente consideradas, que son propias de una relación laboral *"ordinaria"* o *"común"*.

Las tres, además, pueden desempeñarse por la misma persona. En las PYMES, de hecho, es así.

Desde esta perspectiva, el art. 15.e) de la Ley 27/2014 se está refiriendo, en nuestra opinión, a las tres funciones, esto es a la retribución que el administrador percibe por *"funciones de alta dirección"*, y por *"otras funciones"*, esto es, por las directivas y las ordinarias.

En este contexto, solo quedan excluidas de la mención que la letra e) hace, la retribución a los administradores por el desempeño de sus funciones en su condición de tales, esto es, las que con cierta imprecisión se identifican con las funciones *"propias"* del cargo de administrador y que son, de hecho, las que están excluidas del ámbito laboral.

En definitiva, no es lógico que se trate fiscalmente de forma diferente la retribución de un alto directivo, o la de un directivo, o la de un trabajador *"común"*, por el mero hecho de ser o no administrador. La realidad que subyace en tales casos es la misma: la contraprestación por servicios personales de carácter ejecutivo u ordinario.

No parece lógico, insistimos, que su tratamiento tributario sea distinto en función de que la relación jurídica entre quien presta los servicios y la sociedad sea de naturaleza mercantil o laboral, o, en función, como hemos dicho, de que la persona que las desarrolla sea a su vez administrador, o no.

Recordar, tan solo, que la *"teoría del vínculo"* no se construye sobre la identidad de las funciones, sino sobre la naturaleza jurídica del vínculo de quien las ejerce.

Esta interpretación del art. 15.e), como comprensiva de las tres funciones que se pueden acumular en una misma persona, es de hecho la que el propio TEAC mantiene en su resolución de julio de 2020.

El único e importante matiz que éste hace es que, en la medida que la retribución por funciones de *"alta dirección"* está sujeta al principio de reserva estatutaria, su incumplimiento implica su no deducibilidad fiscal en aplicación del art. 15.f).

Y de ahí, también, que el TEAC señale que *"**la única interpretación integradora de lo dispuesto al respecto en el art. 15.e)** (...) **y en la normativa mercantil** es que esa deducibilidad fiscal puede darse cuando entre en juego esa excepción que antes hemos dicho: que haya una (s) persona (s) que desarrolle (n) unas y otras funciones separadamente, de modo que sea –en palabras de la STS de 17/04/2015– "preciso y cierto, sin que sirvan a tales efectos situaciones ambiguas de realización por el administrador de actividades no suficientemente precisadas que se sitúen en el ámbito de las actuaciones de gestión, administración y representación de la sociedad, porque es incompatible con el citado régimen de transparencia y claridad que exige la normativa societaria""*.

Se está refiriendo al administrador al que se le retribuye por funciones de alta dirección, y por funciones directivas y/u ordinarias.

En este caso, conviven pacíficamente el art. 15.e) y la normativa mercantil, en la medida que esta última no sujeta tales retribuciones al principio de reserva estatutaria.

Retomando las consultas de la DGT, es pues cierto que, aparentemente, ésta hace una utilización expansiva del concepto de *"alta dirección"*, pero no lo es menos que en sus resoluciones precisa que tales retribuciones son deducibles "***en la medida en que dichos gastos constituyan la contraprestación de las funciones desempeñadas por los socios, distintas de las correspondientes a los de administrador***" (Res. V3104-16, de 5 de julio de 2016), o se trate de, "***funciones distintas a las propias de administrador***" (Res. V3921-16, de 16 de septiembre de 2016).

Parece pues poderse interpretar, que la DGT se está realmente refiriendo a las funciones propias de su condición de administrador, esto es, a las deliberativas, o en su *"condición de tales"*, funciones que, de no estar previstas en los estatutos, son una liberalidad.

Sin embargo, si se interpreta que la referencia que la DGT hace a las funciones de *"alta dirección"* se limitan exclusivamente a las directivas, las retribuciones propias de alta dirección *"estricto sensu"* no estarían incluidas en la excepción que la letra e) hace.

Pero de ser así, el art. 15.e) queda vacío de contenido y absolutamente desvinculado con relación a sus propios antecedentes, esto es, con su calificación como liberalidad.

Por tal motivo, su interpretación más razonable es que la finalidad que éste persigue no es otra que la de clarificar la deducibilidad de tales retribuciones.

Esta, además, es la interpretación que creo que corresponde en aplicación del art. 3.1 del CC, esto es, que "***las normas se interpretarán según el sentido propio de sus palabras, en relación con el contexto, los antecedentes históricos y legislativos, y la realidad social del tiempo en que han de ser aplicadas,*** *atendiendo fundamentalmente al espíritu y finalidad de aquéllas"*.

En consecuencia, el criterio de la DGT parece coincidir con la interpretación que mantenemos.

En otro orden de cosas, hay que destacar el hecho de que la DGT no cuestiona en ningún momento la condición de gasto contable de las retribuciones, ni cita tampoco en ningún momento la controvertida letra f). Al contrario, la remisión al art. 15.e) es constante y reiterativa.

Sea como fuere, es urgente que la DGT clarifique mejor su criterio al respecto.

4. Interpretación por parte de la doctrina científica

No sin expresar los temores que la letra f) plantea, la totalidad de la doctrina científica coincide en afirmar que la finalidad del art. 15.e) es zanjar la polémica planteada hasta su entrada en vigor, con relación a la retribución de los administradores con cargo gratuito por el desempeño de funciones de alta dirección.

No obstante, no hay que olvidar que desde la aprobación de la Ley 27/2014 se han producido dos hechos relevantes.

El primero, la Sentencia de la Sala Tercera del TS, de 26 de febrero de 2018, que considera que la retribución de los administradores, en concreto, de los consejeros delegados y ejecutivos, está sujeta al principio de reserva estatutaria.

Y, el segundo, la Resolución del TEAC, de 17 de julio de 2020, que considera que el incumplimiento del principio de reserva estatutaria implica la no deducibilidad de las retribuciones satisfechas a los administradores, al tratarse de un gasto contrario al ordenamiento jurídico; resolución que interpreta por segunda vez la reforma introducida por la Ley 27/2014.

Ambas cuestiones han sido ya tratadas con anterioridad.

Corresponde ahora conocer el criterio de la doctrina científica con relación a las letras e) y f) del art. 15 distinguiendo pues tres momentos distintos: desde la entrada en vigor de la Ley 27/2014 hasta la sentencia del TS, desde producirse el fallo hasta la resolución del TEAC, y a partir de dicha resolución.

Vamos pues a centrarnos en primer lugar en la interpretación que la doctrina científica ha hecho de la letra e) del art. 15 con anterioridad a la sentencia del TS y a la Resolución del TEAC.

En opinión de García Gómez, *"da la impresión (de que), inicialmente, la LIS quiere recoger el testigo de la reforma operada en paralelo por la LSC, por cuanto el artículo 217.2 LSC establece que la reserva estatutaria queda referida a las retribuciones de los administradores* ***en su condición de tales****, lo que parece abrir la posibilidad de que pudieran existir otras retribuciones diferentes o añadidas"* ([103]).

Sea como fuere, para García Gómez, *"con independencia de las bondades que pudiera tener en el ámbito laboral o mercantil la teoría del vínculo, (la ley del impuesto) adopta un criterio singular de calificación, acorde con su propia ratio legis"* ([104]).

Esto quiere decir que, en su opinión, el legislador hace uso de la autonomía calificadora del derecho tributario y resuelve la cuestión aplicando adecuadamente el principio que al respecto recoge el art. 13 de la LGT.

Se trata, por tanto, de un criterio propio de calificación, al margen, pues, del cumplimiento o no de los requisitos mercantiles.

Sin embargo, el autor advierte con acierto que con dicha opción *"no se han resuelto en absoluto los problemas que venimos arrastrando en la última década"* ([105]).

En primer lugar, señala, *"porque con relación a las funciones inherentes o propias del cargo de administrador, la presunción de gratuidad y la correspondiente reserva*

103 García Gómez, Antonio J. "Fiscalidad de la retribución de los administradores y su impacto en la tributación de la sociedad", en "Retribución y prestación de servicios de los administradores de sociedades". Dirección, García-Cruces, José Antonio. Ed. Tirant lo Blanch. Valencia, 2018. Pág. 413.

104 García Gómez, Antonio J. *"Fiscalidad de la retribución..."*. Ob. Cit. Pág. 413.

105 García Gómez, Antonio J. *"Fiscalidad de la retribución..."*. Ob. Cit. Pág. 413.

estatutaria que rige en el ámbito mercantil continúa trasladándose al gravamen societario, con los tradicionales problemas de deducibilidad" ([106]).

Y, en segundo lugar, *"porque ni siquiera respecto de las retribuciones de los consejeros delegados o ejecutivos por el desempeño de funciones de alta dirección, que parecía ser el objeto de la reforma, se va a aclarar el panorama, toda vez que seguirá siendo controvertido determinar los supuestos en que esas funciones son distintas de las propias de la condición de administrador"* ([107]).

Y no le falta razón.

Primero, porque, efectivamente, el art. 15.e) no resuelve el problema de la retribución de los administradores *"en su condición de tales"*.

Si como tal se entienden aquéllas que no se corresponden a funciones de alta dirección, la conclusión a la que hay que llegar es que, si dicha retribución no está prevista en los estatutos, estamos en presencia de una liberalidad; conclusión que, al amparo del art. 13 de la LGT, no compartimos.

Pero, además hay que tener en cuenta que, a pesar de la tradicional distinción entre funciones deliberativas y ejecutivas, no es menos cierto que las funciones *"propias"* del cargo de administrador incluyen tanto las deliberativas como las ejecutivas.

La única diferencia es que, mientras la función deliberativa es indelegable y propia del cargo, la ejecutiva es delegable y propia del cargo de administrador y del de alto directivo.

En favor de tal distinción hay que citar, sin duda, los arts. 529 septdecies y 529 octodecies de la LSC.

Así mismo, el art. 1.3.c) del Estatuto de los Trabajadores parece avalar aquélla al excluir del ámbito laboral la actividad que se limita, pura y simplemente, al mero desempeño del cargo de consejero o miembro de los órganos de administración en las empresas que revistan la forma jurídica de sociedad y siempre que su actividad en la empresa solo comporte la realización de cometidos inherentes a tal cargo.

Y es cierto, también, que, como ya hemos visto, la propia DGRN avala tal distinción.

Sin embargo, no se puede olvidar que la *"alta dirección"* es una función que el Consejo de Administración puede delegar, circunstancia que significa que se trata de una función *"propia"* del órgano de administración.

Esta es, en definitiva, la tesis que el TS mantiene en su sentencia de febrero de 2018.

Esta distinción entre funciones deliberativas, y funciones ejecutivas, nos ayuda a interpretar el contenido de la expresión *"en su condición de tales"* a la que el art. 217.3 se refiere.

---

106 García Gómez, Antonio J. *"Fiscalidad de la retribución..."*. Ob. Cit. Pág. 413.

107 García Gómez, Antonio J. *"Fiscalidad de la retribución..."*. Ob. Cit. Pág. 413.

No hay que olvidar, insistimos, que los arts. 529 septdecies y 529 octodecies de la LSC distinguen entre remuneración de los consejeros *"por su condición de tal"*, y por el *"desempeño de funciones ejecutivas"*.

La propia DGRN, y con posterioridad a la sentencia de febrero de 2018, ha continuado manteniendo tal distinción, aunque ha matizado, flexibilizándolo, el principio de reserva estatutaria con relación a las funciones ejecutivas.

Sea como fuere, el art. 15.e) no soluciona por completo los problemas que plantea la retribución de los administradores.

En esta misma línea de distinguir entre ambas funciones, ÁLVAREZ BARBEITO es de la opinión de que *"parece que el legislador ha querido dar entrada entre los gastos deducibles a las retribuciones que los administradores puedan percibir por el desarrollo de funciones ejecutivas de alta dirección, no coincidentes con las labores propias del administrador y que, por tanto, tampoco tienen que estar sujetas a previsión estatutaria"* ([108]).

En cualquier caso, hay que advertir que estamos ante expresiones que, según cual sea la interpretación que se haga de las mismas por parte de quien las utiliza, se corre el riesgo de interpretar un mismo concepto, funciones *"propias"* al cargo de administrador, de forma distinta.

Es por ello imprescindible acotar también su contenido y evitar mayor confusión.

Es cierto, no obstante, que, si se trata de retribuciones que percibe el *"administrador"* por funciones de alta dirección, éstas no pueden ser otras que las que desempeñan los consejeros delegados.

De hecho, esa confusión terminológica se observa en algunas de las propias resoluciones de la DGT y en las opiniones de diferentes autores, en las que no siempre queda claro a qué se están refiriendo al hablar de funciones propias del cargo.

No pues sin razón, GARCÍA-OVIES señala que *"pese a la valoración positiva que ha recibido (el art. 15.e, este) no soluciona (...) el problema que había venido planteándose, por la dificultad de identificar esas funciones, frente a las propias del administrador"*; dificultad, recuerda, que *"está en el origen de la "teoría del vínculo", que hace prevalecer la condición de administrador y otorga carácter mercantil a todas las remuneraciones que el mismo perciba de la sociedad"* ([109]).

La redacción del anteproyecto, señala, *"era más ambigua, pero quizás también un poco más flexible, pues no se refería tan claramente a las cantidades percibidas por el desempeño de funciones de alta dirección sino a las percibidas "por el desem-*

---

108 ALVAREZ BARBEITO, PILAR "Deducibilidad en el impuesto sobre sociedades de las retribuciones a los administradores: ¿es necesario un protocolo?". Gómez Acebo & Pombo. Análisis GA&P. Marzo 2016. Págs. 2 y 3.

109 GARCÍA-OVIES SARANDESES, ISABEL. "La delimitación negativa del concepto de gasto deducible en el Impuesto sobre Sociedades. Especial consideración de las retribuciones de los administradores", en "Encuentro de derecho financiero y tributario (3.a edición) "La reforma del sistema tributario español"" (2.a parte). Instituto de Estudios Fiscales. DOC. Nº 10/2015. Pág. 99.

peño de funciones distintas a las correspondientes a su cargo, con independencia del carácter mercantil o laboral que se atribuya a su relación con la entidad"" ([110]).

Y prosigue.

Una solución *"que exija la identificación de funciones para diferenciar entre las que corresponden al administrador y al directivo, prescindiendo de la realidad de la retribución y de los servicios prestados, no parece tal, y los problemas pueden seguir planteándose exactamente igual que con la ley anterior, que no se refería a estas retribuciones"* ([111]).

Lo deseable, en su opinión, hubiera sido *"prescindir del "vínculo" a la hora de considerar su carácter deducible y que dichas retribuciones se tuviesen en cuenta para determinar la base imponible cuando se tratase de una retribución efectiva de los servicios prestados por ellos. En este sentido, la tributación posterior de esas cantidades por parte de los administradores debe constituir prueba de la efectividad de la retribución"* ([112]).

Para García Gómez, *"bajo el paraguas del artículo 15 e) LIS (funciones de alta dirección) es fácil deducir que debería incardinarse el contrato del consejero delegado o ejecutivo regulado en los arts. 249.3 y 249.4 LSC (...) y ello más allá de la calificación que proceda desde la perspectiva societaria o laboral o de la reserva estatutaria"* ([113]).

Es decir, prosigue, *"las retribuciones percibidas en virtud del mismo habrán de ser deducibles en la base imponible del impuesto societario, con independencia de la naturaleza especifica que quiera darse al contrato, ya sea laboral de carácter especial, (...) o ya sea en todo caso como mercantil"* ([114]).

Consecuentemente, *"la retribución percibida por ser miembro del consejo de administración dependerá de lo que se diga en estatutos y en función de ello será o no deducible en el impuesto sobre sociedades, mientras que para las retribuciones correspondientes al consejero delegado por funciones ejecutivas o de alta dirección, además de que se excluyen de esa reserva estatutaria, serán deducibles a la vista del artículo 15 e) LIS siempre que cumplan con el resto de los requisitos establecidos por la normativa mercantil y fiscal"* ([115]).

No obstante, si tal distinción se vincula de forma exclusiva a los casos en los que existe un Consejo de Administración, se plantea un problema importante con relación a las otras formas de organizar la administración de la sociedad, en las que, como el autor señala, *"no parece posible distinguir las funciones de alta dirección*

---

110 García-Ovies Sarandeses, Isabel. *"La delimitación negativa del concepto de....* Ob. Cit. Pág. 99.

111 García-Ovies Sarandeses, Isabel. *"La delimitación negativa del concepto de....* Ob. Cit. Pág. 99.

112 García-Ovies Sarandeses, Isabel. *"La delimitación negativa del concepto de....* Ob. Cit. Pág. 100.

113 García Gómez, Antonio J. *"Fiscalidad de la retribución..."*. Ob. Cit. Págs. 414 y 415.

114 García Gómez, Antonio J. *"Fiscalidad de la retribución..."*. Ob. Cit. Pág. 415.

115 García Gómez, Antonio J. *"Fiscalidad de la retribución..."*. Ob. Cit. Pág. 415.

del resto de las funciones del cargo, sino que todas (...) han de entenderse como propias del mismo y por lo tanto sometidas al principio de reserva estatutaria del artículo 217 LSC" ([116]).

A raíz de ello, *"subsistirán los problemas de deducibilidad en la medida que no se cuente con la preceptiva reserva estatutaria"* ([117]).

Personalmente no compartimos este criterio, en la medida que interpretamos que el art. 15.e) recoge un criterio de calificación propio y autónomo con relación a las retribuciones de los administradores con funciones de alta dirección, sin distinguir entre las distintas formas del órgano de gobierno de la sociedad y sin perjuicio de que se cumpla o no el principio de reserva estatutaria.

Por tanto, tales retribuciones son siempre deducibles con independencia de cuál sea el órgano de gobierno de la sociedad.

Cuestión distinta es que, en el caso de que se satisfaga una retribución única por ambas funciones, haya que acreditar qué parte de la misma corresponde a funciones de alta dirección, y qué parte a funciones deliberativas; cuestión, creemos, que se resuelve mediante el oportuno acuerdo de Junta General.

Dicho de otra forma: el art. 15 e) recoge un concepto fiscal autónomo y propio de gasto deducible.

De esta opinión es PEDREÑO LÓPEZ, para quien la nueva *redacción "aclara de forma rotunda la cuestión relativa a los donativos y liberalidades en su apartado e)"* ([118]).

En consecuencia, concluye, las remuneraciones por las funciones ejecutivas *"serán gastos fiscalmente deducibles en el IS y con independencia de que tengan o no cobertura en los estatutos sociales; se cierra por tanto el debate en torno a la doctrina del vínculo en el IS"* ([119]).

Tal razonamiento, apostilla, *"nos conduce en la línea (...) sobre que las funciones ejecutivas (...) queden al margen del régimen de las remuneraciones del art. 217 de la LSC de 2014, circunstancia que parece conformarse con el nuevo y concreto redactado del art. 15.e) de la LIS de 2015"* ([120]).

En otro orden de cosas, GARCÍA GÓMEZ se refiere también al segundo de los supuestos que el art. 15.e) prevé.

En su opinión, que compartimos, *"se incluyen (...) cualesquiera otras retribuciones satisfechas en contraprestación de servicios laborales de carácter ordinario o común, distintas de las de alta dirección"* ([121]).

---

116 GARCÍA GÓMEZ, ANTONIO J. *"Fiscalidad de la retribución..."*. Ob. Cit. Pág. 415.

117 GARCÍA GÓMEZ, ANTONIO J. *"Fiscalidad de la retribución..."*. Ob. Cit. Pág. 415.

118 PEDREÑO LOPEZ, CARLES. *"El tratamiento jurídico-fiscal de la remuneración..."*. Ob. Cit. Pág. 193.

119 PEDREÑO LOPEZ, CARLES. *"El tratamiento jurídico-fiscal de la remuneración..."*. Ob. Cit. Pág. 195.

120 PEDREÑO LOPEZ, CARLES. *"El tratamiento jurídico-fiscal de la remuneración..."*. Ob. Cit. Pág. 195.

121 GARCÍA GÓMEZ, ANTONIO J. *"Fiscalidad de la retribución..."*. Ob. Cit. Pág. 419.

Es decir, prosigue, *"solo esta segunda parte del precepto (que está dividida por una coma) exige que la relación sea laboral"*, circunstancia que *"no es una novedad porque la jurisprudencia ya lo admitía antes (cuando el administrador cobraba por otras funciones de carácter común –marketing, contabilidad– se admitía sin problemas su carácter laboral y su deducción en el impuesto sobre sociedades, al margen de los requisitos del artículo 217"* ([122]).

En el mismo sentido, precisa, *"si se tratase de retribuir otras funciones o servicios del administrador que no tengan el carácter laboral o por cuenta ajena, la deducción de las mismas atenderá a las reglas generales del impuesto en relación con los servicios profesionales prestados a la entidad"* ([123]).

Advierte, sin embargo, del supuesto controvertido en los casos en los que el administrador es además socio con control efectivo, y, por tanto, incluido en el régimen especial de la Seguridad Social de los trabajadores por cuenta propia y autónomos; supuesto que la DGT ha resuelto ya sin ningún tipo de controversia.

A pesar de la aparente claridad de los dos supuestos que el art. 15.e) recoge, Lucena Gracia incorpora en su análisis un importante matiz.

En su opinión, la expresión *"funciones de alta dirección, u otras derivadas de un contrato de carácter laboral con la entidad"* puede dar lugar *"a la interpretación extensiva que se refiere a las funciones de alta dirección como administrador con una relación mercantil y además a las funciones derivadas de una relación laboral común o especial"* ([124]).

Sin embargo, señala, *"se podría plantear que esa mención se refiere a que tanto las funciones de alta dirección como las otras funciones deriven de un contrato laboral con la entidad. Por lo tanto, en este segundo caso, estas remuneraciones de administradores se referirían solamente al personal laboral especial de alta dirección y no al administrador que mantiene con la sociedad una relación mercantil, por lo que para poder deducir las retribuciones a estos administradores debería mencionarse expresamente en los estatutos que el cargo es retribuido con una mención de la forma de entre las que se enumeran en el art. 217 del TRLSC"* ([125]).

No obstante, y desde un punto de vista gramatical, tal interpretación no nos parece la adecuada.

Primero, porque la referencia a las retribuciones a los administradores por el desempeño de funciones de alta dirección, y a otras funciones derivadas de un contrato de carácter laboral con la entidad, viene separada por una coma. Se trata, pues, de dos supuestos distintos, criterio que coincide también con el que el TEAC y otros autores mantienen.

---

122 García Gómez, Antonio J. *"Fiscalidad de la retribución..."*. Ob. Cit. Pág. 419.

123 García Gómez, Antonio J. *"Fiscalidad de la retribución..."*. Ob. Cit. Pág. 419.

124 Lucena Gracia, Francisco Javier. "La fiscalidad de socios y administradores de sociedades". Ed. CISS (Grupo Wolters Kluwer). Madrid, 2015. Pág. 129.

125 Lucena Gracia, Francisco Javier. "La fiscalidad de socios ...". Ob. Cit. Pág.129

Y, segundo, porque para poderse interpretar así, después de referirse a *"otras funciones"*, habría de existir una nueva coma que permitiera concluir que ambos supuestos han de derivar *"de un contrato de carácter laboral con la entidad"*, circunstancia que no ocurre.

En otro orden de cosas, y con relación a la interpretación del art. 15.e), otros autores destacan, acertadamente, la cuestión de legalidad que de hecho subyace en la mayoría de las sentencias del TS.

Este es el caso de MARÍN BENÍTEZ, para quien *"para valorar el efecto de las dos reformas (mercantil y fiscal) en el estado de la cuestión, ha de tenerse en cuenta que la calificación que se ha venido haciendo de estos gastos como liberalidad no deducible en el Impuesto sobre Sociedades trae causa, no tanto de su naturaleza como verdadera "liberalidad" (que es bastante discutible), como de la contrariedad del gasto con el ordenamiento jurídico cuando se entiende que no cumple los requisitos del ordenamiento mercantil"* ([126]).

Tratándose *"de un problema de legalidad, ha de hacerse notar que, bajo el TRLIS vigente hasta el 31 de diciembre de 2014, la lista cerrada de gastos no deducibles contenida en el artículo 14.1 del TRLIS no incluía mención alguna a los gastos que contravinieran el ordenamiento jurídico, por lo que la no deducibilidad de estos gastos ilícitos tenía que articularse técnicamente a través del concepto de liberalidad"* ([127]).

En este contexto, *"se entendía así que los gastos para ser deducibles no solo han de ser necesarios u oportunos de facto para la obtención de ingresos, sino también posibles de iure, y que, en defecto de este último requisito, el gasto debía calificarse como liberalidad"* ([128]).

Sea como fuere, *"el caso es que hasta la fecha el rechazo de la deducibilidad del gasto que contravenía el ordenamiento mercantil se ha articulado a través de su calificación como liberalidad"* ([129]).

Y en este sentido, *"el artículo 15 de la nueva LIS (...) clarifica (...) que no son liberalidades no deducibles aquellas retribuciones que responden al ejercicio por el administrador social de funciones ejecutivas (...) y ello con independencia de que gocen o no de cobertura estatutaria"* ([130]).

La finalidad de la norma es clara: *"atajar la calificación como gasto no deducible de las retribuciones que responden a una prestación de servicios incuestionable del administrador a la empresa y que reduce, verdaderamente, la capacidad económica de la empresa que los contrata"* ([131]).

126 MARÍN BENÍTEZ, GLORIA. "El tratamiento fiscal de la remuneración al administrador tras las leyes 27/2014 y 31/2014". *Actualidad Jurídica Uría Menéndez* 39-2015. Foro de Actualidad. Págs. 114 y 115.

127 MARÍN BENÍTEZ, GLORIA. *"El tratamiento fiscal de la..."*. Ob. Cit. Pág. 114.

128 MARÍN BENÍTEZ, GLORIA. *"El tratamiento fiscal de la..."*. Ob. Cit. Pág. 114.

129 MARÍN BENÍTEZ, GLORIA. *"El tratamiento fiscal de la..."*. Ob. Cit. Pág. 115.

130 MARÍN BENÍTEZ, GLORIA. *"El tratamiento fiscal de la..."*. Ob. Cit. Pág. 115.

131 MARÍN BENÍTEZ, GLORIA. *"El tratamiento fiscal de la..."*. Ob. Cit. Pág. 115.

A juicio de García-Ovies, *"la reforma de la Ley (...) pretende modificar, entre otros aspectos, la regulación de los gastos deducibles y dar solución a los problemas que se han venido planteando con las retribuciones de los administradores"* ([132]).

Subraya con acierto que *"la solución que se propone se sigue formulando desde la perspectiva del concepto de liberalidad"*, circunstancia que la autora no considera adecuada *"porque la liberalidad es (...) incompatible con la propia naturaleza de la actividad empresarial, y con más motivo, cuando ésta es desempeñada por una persona jurídica"* ([133])

Por último, y en opinión de Gandarias Cebrián, *"cualquier duda al respecto, hasta la cota de certeza que uno es capaz de alcanzar entre el mundanal ruido, quedó zanjada con la vigente redacción del artículo 15, letra e) de la LIS"* ([134]).

Subraya, eso sí, que *"desde el punto de vista sistemático, resulta extraño que la norma se encuentre entre las excepciones de lo que se entiende comprendido entre "los donativos y liberalidades", pues imaginar la presencia de animus donandi en este contexto no parece una solución racional"* ([135]).

Con relación a la letra f) del art. 15, los temores que su interpretación alberga son unánimemente compartidos por todos los autores, aunque algunos de ellos consideran que aquélla no es en nuestro caso de aplicación.

Así, en opinión de García Gómez, el art. 15.f) *"podría suponer un nuevo escenario en aras de negar la deducibilidad de las retribuciones de los administradores"* ([136])

En su opinión, a pesar de que *"está claro que este artículo no se refiere expresamente al problema de la retribución de los administradores"*, podría *"existir la tentación de (invocar el art. 15.f)) para volver a la situación de la Ley 61/1978"* ([137]).

Según dicho autor, *"parece evidente que el cambio de orientación de nuestro legislador, que comenzaba con la Ley 43/1995, sobre el concepto de gasto deducible en el IS y sobre el contenido de "liberalidad", va a hacer cada vez más complicado (...) defender esa vía para excluir de la deducción las retribuciones satisfechas a los administradores que no contasen con la preceptiva cobertura estatutaria"* ([138])

132 García-Ovies Sarandeses, Isabel. "La delimitación negativa del concepto de gasto deducible en el Impuesto sobre Sociedades. Especial consideración de las retribuciones de los administradores". *Encuentro de derecho financiero y tributario (3.a edición). La reforma del sistema tributario español (2.a parte).* Instituto de Estudios Fiscales. Doc. 10/2015. Pág. 99.

133 García-Ovies Sarandeses, Isabel. *"La delimitación negativa del concepto de....* Ob. Cit. Pág. 99.

134 Gandarias Cebrián, Leopoldo. "La retribución de los administradores ejecutivos en el Impuesto sobre Sociedades". *El Notario del siglo XXI. Práctica Jurídica.* Septiembre-Octubre 2013. Nº 93.

135 Gandarias Cebrián, Leopoldo. "La retribución de los administradores ejecutivos ...". Ob. Cit. Septiembre-Octubre 2013. Nº 93.

136 García Gómez, Antonio J. *"Fiscalidad de la retribución..."*. Ob. Cit. Pág. 411.

137 García Gómez, Antonio J. *"Fiscalidad de la retribución..."*. Ob. Cit. Pág. 411.

138 García Gómez, Antonio J. *"Fiscalidad de la retribución..."*. Ob. Cit. Pág. 411.

Pues bien, continúa, *"quizás ahora no se vea tan necesario seguir forzando esa interpretación, sino que algunos pudieran defender que bastara con invocar este artículo 15 f) LIS para obtener el mismo resultado"* ([139]).

Ello significaría, prosigue, *"que las retribuciones no previstas estatutariamente, y más aún, las que no cumplan con los requisitos legales, no es que se reputen liberalidades, sino que se excluirían de la deducción por ser contrarias al ordenamiento jurídico"* ([140]).

Sin embargo, y en opinión del mismo autor, *"de acuerdo con su finalidad, la norma está pensando en la realización de actuaciones ilícitas, prohibidas o contrarias a Derecho, cuyos gastos, los generados por aquéllas, no pueden beneficiarse de la deducción en la base imponible del IS. Sin embargo, en el tema que tratamos, ni el administrador ni la sociedad realizan actividad prohibida o ilícita, y entender que el hecho de pagar una retribución que no se muestra acorde con los requisitos mercantiles pueda constituir en sí misma una actividad prohibida por el ordenamiento a estos efectos parece un tanto forzada"* ([141]).

Pedreño López, consciente también de la novedad que representa la letra f), critica que *"la LIS de 2015 no sea más contundente a la hora de garantizar la deducibilidad de las remuneraciones sin previsión estatutaria"* ([142]).

Y en este sentido, expresa también su temor de que *"superado el concepto de liberalidad por el art. 15.e) no se abra otra vez la posibilidad para negar la deducibilidad del gasto ahora por contrario al ordenamiento mercantil que podía interpretarse al hilo del art. 15.f) de la misma LIS de 2015 y, por tanto, concluimos que las remuneraciones sin cobertura estatutaria por las funciones ejecutivas deben admitirse fiscalmente sin lugar a dudas"* ([143]).

Para dicho autor, e igual que para García Gómez, el art. 15.f) va dirigido *"a la no deducibilidad del gasto por conductas prohibidas o delictivas"* ([144]).

En opinión de Marín Benítez, la norma pretende *"atajar la calificación como gasto no deducible de las retribuciones que responden a una prestación de servicios incuestionable del administrador a la empresa y que reduce, verdaderamente, la capacidad económica de la empresa que los contrata"* ([145]).

Por su parte, García-Ovies señala que *"la Ley introduce un nuevo apartado, el f), que excluye de la consideración de deducibles "los gastos derivados de actuaciones contrarias al ordenamiento jurídico"* ([146]).

---

139 García Gómez, Antonio J. *"Fiscalidad de la retribución..."*. Ob. Cit. Págs. 411 y 412.

140 García Gómez, Antonio J. *"Fiscalidad de la retribución..."*. Ob. Cit. Pág. 412.

141 García Gómez, Antonio J. *"Fiscalidad de la retribución..."*. Ob. Cit. Pág. 412.

142 Pedreño Lopez, Carles. *"El tratamiento jurídico-fiscal de la remuneración..."*. Pág. 197.

143 Pedreño Lopez, Carles. *"El tratamiento jurídico-fiscal de la remuneración..."*. Págs. 200 y 201

144 Pedreño Lopez, Carles. *"El tratamiento jurídico-fiscal de la remuneración..."*. Pág. 197.

145 Marín Benítez, Gloria. *"El tratamiento fiscal de la..."*. Ob. Cit. Pág. 115.

146 García-Ovies Sarandeses, Isabel. *"La delimitación negativa del concepto de...*. Ob. Cit. Pág. 100.

Este precepto, *"aunque no de forma exclusiva, incide también en el problema de los gastos que tienen su origen en las retribuciones de los administradores y, más en concreto, en aquellas no previstas estatutariamente, que, al no cumplir con los requisitos legales, fueron considerados liberalidades, excluyendo la posibilidad de su deducción"* ([147]).

El proyecto de ley, recuerda, no se refería *"a "los gastos de carácter ilícito", (...) sino que utiliza una expresión de igual significado en teoría pero más genérica y que se corresponde bastante con la interpretación de nuestro Tribunal Supremo al impedir la deducción de las remuneraciones no previstas estatutariamente, por infringir, no ya las normas tributarias, sino las mercantiles, lo que hace pensar que dicha interpretación jurisprudencial estaba presente en el momento de la redacción del Proyecto"* ([148]).

En definitiva, y en su opinión, la determinación *"de esas "actuaciones contrarias al ordenamiento jurídico" va a entrañar muchas dificultades a la hora de ser calificadas por la Administración tributaria, que deberá analizar los requisitos exigidos para cada uno de los actos o contratos de los que traen causa los gastos societarios"* ([149]).

En idéntico sentido, Álvarez Barbeito advierte que *"ha de tenerse en cuenta, junto con (la letra e), la introducción del apartado f en el mismo artículo 15 de la (LIS) (...), ya que la lectura conjunta de ambos pudiera llevar a la Administración a considerar, pese a que existen argumentos en contra, que las retribuciones correspondientes a las funciones ejecutivas de alta dirección serán contrarias al ordenamiento jurídico —y por tanto no deducibles— cuando no cumplan las exigencias que respecto de ellas estipula la normativa mercantil"* ([150]).

En este sentido, recuerda, *"no podemos olvidar manifestaciones como las vertidas por el Tribunal Supremo, (...) que señaló que "las retribuciones de los administradores son un gasto deducible cuando cumplen los requisitos legales exigidos para esa deducción", requisitos éstos que "son los que derivan de la totalidad del ordenamiento jurídico". En la misma línea, la Dirección General de Tributos, en las contestaciones a (...) consultas (...), viene exigiendo para la deducibilidad de los gastos examinados, además de los requisitos generales establecidos a esos efectos —tales como la adecuada contabilización, justificación e imputación de los gastos—, que éstos "se ajusten a la normativa mercantil""* ([151]).

En opinión de Marín Benítez, *"la letra f) (...) no debe ser óbice para admitir la deducibilidad de las retribuciones a esos administradores que desempeñan funciones ejecutivas en el día a día de la entidad"* ([152]).

147 García-Ovies Sarandeses, Isabel. *"La delimitación negativa del concepto de...*. Ob. Cit. Pág. 100.

148 García-Ovies Sarandeses, Isabel. *"La delimitación negativa del concepto de...*. Ob. Cit. Pág. 100.

149 García-Ovies Sarandeses, Isabel. *"La delimitación negativa del concepto de...*. Ob. Cit. Pág. 100.

150 Álvarez Barbeito, Pilar. "Deducibilidad en el impuesto sobre sociedades ...". Ob. Cit. Págs. 2 y 3.

151 Álvarez Barbeito, Pilar. "Deducibilidad en el impuesto sobre sociedades ...". Ob. Cit. Pág. 3.

152 Marín Benítez, Gloria. *"El tratamiento fiscal de la..."*. Ob. Cit. Pág. 115.

No obstante, y, en su opinión, *"aunque (...) el problema de la deducibilidad de las retribuciones a los administradores que contravienen el ordenamiento jurídico nunca fue una cuestión de liberalidad, sino de ilicitud, esta nueva letra f) no tiene por objeto calificar como gasto no deducible las retribuciones de los administradores que, pudiendo ser contrarias al ordenamiento mercantil, han quedado ya excluidas del concepto de liberalidad. No pensamos que, cerrada la puerta de la calificación como liberalidad, quepa ahora abrir la ventana del gasto contrario a Derecho para negar la deducibilidad del gasto, y creemos, en cambio, que la regulación expresa de la retribución a los administradores en la letra e) debe prevalecer sobre la eventual aplicación de la regla especial contenida en la letra f)"* ([153]).

Así, *"debe llamarse la atención sobre el hecho de que el anteproyecto de LIS se refería, en esta letra f), a "los gastos ilícitos" como no deducibles (...). Parecería, por tanto, que los gastos cuya deducibilidad quiere atajar la nueva letra f) son aquellos en los que el servicio prestado en contraprestación del gasto es en sí mismo ilícito"* ([154]).

Y apostilla. *"El gasto de la retribución extraestatutaria a un administrador que desarrolla funciones ejecutivas no deriva de una actuación contraria al ordenamiento, pues, como señaló el Tribunal Supremo en su sentencia 1147/2007, de 31 de octubre de 2007, el ordenamiento mercantil 'no prohíbe la remuneración de los consejeros, sino que no consten en los estatutos la que se haya comprometido la sociedad a dar'"* ([155]).

Más cautos son Adame Martínez y Romero Plaza, para quienes de "*una lectura inmediata del (art. 15.e) podría hacer pensar que cualesquiera que sean las retribuciones, con independencia de cómo estén reconocidas, podrían ser deducibles por 'imperativo tributario'*" ([156]).

Sin embargo, *"la letra f) (...) advierte (que) no tendrán la consideración de gastos fiscalmente deducibles (...) los gastos de actuaciones contrarias al ordenamiento jurídico"* ([157]).

Por tal motivo, y a tenor de la doctrina emanada de la jurisprudencia del TS, y en opinión de tales autores, sería *"cuando menos atrevido, ignorar los mandatos de la (LSC) pues una lectura más rigurosa de las letras e) y f) del artículo 15 de la LIS obligan a poner en relación los preceptos fiscales con las normas mercantiles, pues no olvidemos que el artículo 10.3 de la LIS es fiel reproducción del artículo 10.3 de la Ley 43/1995"* ([158]).

No obstante, y en su opinión, mientras que las retribuciones percibidas por ejercer el cargo de administrador son *"gasto fiscalmente deducible cuando esta retri-*

---

153 Marín Benítez, Gloria. *"El tratamiento fiscal de la..."*. Ob. Cit. Pág. 115.

154 Marín Benítez, Gloria. *"El tratamiento fiscal de la..."*. Ob. Cit. Pág. 115.

155 Marín Benítez, Gloria. *"El tratamiento fiscal de la..."*. Ob. Cit. Pág. 115.

156 Adame Martínez, Francisco David, y Romero Plaza, Calos Javier. "Retribución de administradores. Aspectos mercantiles y fiscales". Asociación Española de Asesores Fiscales (AEDAF). Enero 2016. Pág. 13.

157 Adame Martínez, Francisco David, y Romero Plaza, Calos Javier. *"Retribución de administradores. Aspectos..."*. Ob. Cit. Pág. 13.

158 Adame Martínez, Francisco David, y Romero Plaza, Calos Javier. *"Retribución de administradores. Aspectos..."*. Ob. Cit. Pág. 13.

bución se refleje en los Estatutos Sociales", las recibidas por funciones de gerencia o alta dirección son *"gasto deducible en materia fiscal, siguiendo las pautas del artículo 15 apartado e) en su último párrafo de la LIS"* ([159]).

Sea como fuere, el TEAC ha hecho realidad los temores que todos los autores albergaban.

Y de ahí, precisamente, que la interpretación del art. 15 f) se convierta ahora en la cuestión central del problema.

Si nos centramos ahora en los autores que se han pronunciado después de la sentencia del TS de febrero de 2018, hay que destacar la opinión de MEMENTO, para quien *"aun cuando esta sentencia vuelve a la tesis cumulativa, sin embargo, a efectos del impuesto se debería entender que la falta del cumplimiento de esos requisitos mercantiles no tiene incidencia sobre la deducibilidad de las retribuciones satisfechas a los consejeros ejecutivos, dado que la LIS art.15.e, expresamente asume la deducción de los gastos por el desempeño de funciones de alta dirección, de manera que no podría considerarse como gastos no deducibles por corresponder a actuaciones contrarias al ordenamiento jurídico (LIS art.15.f), al entender la Administración que estos últimos gastos solo son los derivados de actos que expresamente están tipificados como prohibidos por el ordenamiento y penados de forma expresa"* ([160]).

Dicho criterio se sustenta en el hecho de que el art. 15 recoge un criterio de calificación tributaria propio y autónomo, más allá, como ya hemos dicho, del cumplimiento o no de los requisitos que otras ramas del derecho puedan exigir.

Se trata, por tanto, de un criterio cuya causa no tiene su origen en el hecho de que las funciones ejecutivas estén o no sujetas al principio de reserva estatutaria.

Su deducibilidad deviene, sin más, por imperativo normativo.

De ahí, precisamente, que la sentencia del TS de febrero de 2018 carezca de trascendencia tributaria, sin perjuicio, claro está, de la interpretación que finalmente se haga de la letra f).

Para García Gómez, *"si nos atenemos a la línea que se ha seguido mayoritariamente por la jurisprudencia contenciosa tras las sentencias Mahou, la aplicación del contenido de esta sentencia al ámbito del impuesto sobre sociedades pudiera suponer que nada haya cambiado respecto al panorama anterior, al menos, en las sociedades no cotizadas"* ([161]).

Sin embargo, y, en su opinión, *"esa interpretación supondría vaciar prácticamente de contenido la nueva cláusula del artículo 15 e) LIS o dejarla únicamente para las sociedades cotizadas"* ([162])

Y prosigue. Si *"la LIS distingue "las retribuciones a los administradores por el desempeño de funciones de alta dirección"* respecto de las que puedan percibir

---

159 Adame Martinez, Francisco David, y Romero Plaza, Calos Javier. *"Retribución de administradores. Aspectos..."*. Ob. Cit. Págs. 16 y 17.

160 *Memento Impuesto sobre Sociedades*. 2020. Ed. Lefebvre. Marginal 617.

161 García Gómez, Antonio J. *"Fiscalidad de la retribución..."*. Ob. Cit. Pág. 417.

162 García Gómez, Antonio J. *"Fiscalidad de la retribución..."*. Ob. Cit. Pág. 417.

aquéllos *"por el resto de sus funciones es para conferirles un tratamiento diferente y al margen del concepto de liberalidad"* ([163]).

En este sentido, señala, *"cabría entender que las funciones ejecutivas (gerencia, dirección general) por las que los consejeros delegados o ejecutivos perciben una retribución, añadida a la que puedan percibir o no por su condición de administrador, se enmarca bajo el paraguas del art. 15 e) LIS, lo que determinaría, en principio, su deducibilidad, sin más condiciones que las generales del tributo. Y ello (...) con independencia de que la doctrina o la jurisprudencia mercantil llegase a considerar (...) que todas esas funciones son también propias e inherentes a la condición de administrador y que, a los efectos jurídico-privados, tenga que respetar tanto la reserva estatutaria como el resto de las condiciones reguladas en la LSC"* ([164]).

En resumen, concluye, *"dado que existe un criterio propio establecido por el legislador tributario, aplíquese"* ([165]).

Sea como fuere, *"este asunto va a continuar siendo una fuente de conflictos por lo que sería necesaria una aclaración por parte de la AEAT que evitase esta situación de inseguridad jurídica"* ([166]).

Y concluye con acierto al observar que *"nuevamente se pone de relieve que el principal problema del tratamiento otorgado a las retribuciones de los administradores sociales en este impuesto ha tenido que ver con la óptica o la perspectiva empleada para afrontarlo"* ([167]).

En su opinión *"se ha echado de menos un análisis del tema desde una óptica puramente tributaria, sin tener que importar de forma automática los problemas suscitados en otras esferas del ordenamiento. Lo relevante a estos efectos debería ser abalizar la operación en su conjunto, admitiendo la deducibilidad cuando el gasto estuviera encaminado o vinculado a la obtención del beneficio empresarial y no tuviera un propósito de elusión del gravamen. (...) Consecuentemente, al margen de que puedan no haber cumplido con todas las exigencias que se desprenden de la normativa mercantil y societaria, debería admitirse su deducibilidad en tanto cumplan con los requisitos generales de la LIS (...). Por el contrario, entender automáticamente que supone una liberalidad de la entidad respecto del administrador no hace sino desvirtuar este concepto"* ([168]).

Coincidimos sin duda con el hecho de que la finalidad que la normativa mercantil, laboral, y fiscal persigue, no es en absoluto coincidente en estas tres ramas del derecho.

---

163 GARCÍA GÓMEZ, ANTONIO J. *"Fiscalidad de la retribución..."*. Ob. Cit. Pág. 417.

164 GARCÍA GÓMEZ, ANTONIO J. *"Fiscalidad de la retribución..."*. Ob. Cit. Págs. 417 y 418

165 GARCÍA GÓMEZ, ANTONIO J. *"Fiscalidad de la retribución..."*. Ob. Cit. Pág. 418

166 GARCÍA GÓMEZ, ANTONIO J. *"Fiscalidad de la retribución..."*. Ob. Cit. Pág. 418.

167 GARCÍA GÓMEZ, ANTONIO J. *"Fiscalidad de la retribución..."*. Ob. Cit. Pág. 418.

168 GARCÍA GÓMEZ, ANTONIO J. *"Fiscalidad de la retribución..."*. Ob. Cit. Págs. 418 y 419.

Si a lo anterior le añadimos que tanto la teoría del *"milímetro"* como la del *"vínculo"* son fruto de una construcción jurisprudencial, la cautela en su aplicación al ámbito tributario ha de ser todavía más extrema.

El principio de capacidad económica tiene sin duda una finalidad muy distinta al de la transparencia, en sede societaria, o a la del derecho a la protección social de los *"trabajadores"*, en sede laboral.

Por su parte, el art. 13 de la LGT nos indica el camino a seguir en el ámbito tributario.

Es pues criticable que, en lugar de abordar el problema desde una perspectiva estrictamente tributaria, se haya optado por resolverlo desde una estrictamente mercantil.

Sigamos.

En opinión de GONZÁLEZ SÁNCHEZ, y tras dictarse la sentencia del TS de febrero de 2018, *"la intención del legislador (con la redacción del art. 15.e)) habría sido la de dar por finalizado el debate en torno a la cuestión de la deducibilidad de las retribuciones a los administradores por el desempeño de las funciones ejecutivas de alta dirección"* ([169]).

Sin embargo, advierte, *"esta misma Ley incluye otro precepto (la letra f de ese mismo artículo 15) que establece la no deducibilidad fiscal de los "gastos de actuaciones contrarias al ordenamiento jurídico""* ([170]).

Adicionalmente, subraya, el TS ha señalado en varias sentencias que *"la cuestión (...) no se centra en la "necesariedad" del gasto (...), sino en su "legalidad", que ha de inferirse de las normas que rigen la materia de las retribuciones de los administradores en los respectivos textos que las regulan"* ([171]).

En base a lo anterior, continúa, *"no se podría descartar totalmente que (se) pretendiera seguir rechazando (...) la deducibilidad fiscal de la remuneración de los administradores"* ([172]).

En su opinión, sin embargo, el *"artículo 15.f no debiera resultar aplicable al asunto en cuestión por varias razones"* ([173]).

En primer lugar, *"porque en virtud del principio de especialidad normativa, debiera prevalecer la aplicación del apartado e sobre el f, pues es una norma más específica y surgida precisamente como respuesta del legislador a las dudas planteadas en el pasado, precisamente por el Tribunal Supremo"* ([174]).

---

169 GONZALEZ SANCHEZ, MIGUEL ÁNGEL. "La deducibilidad fiscal de la remuneración de administradores tras la STS de 26 febrero 2018". Periscopio fiscal y legal. PwC Tax & Legal Services. 16 de marzo de 2018. https://periscopiofiscalylegal.pwc.es/la-deducibilidad-fiscal-de-la-remuneracion-de-administradores-tras-la-sts-de-26-febrero-2018/

170 GONZALEZ SANCHEZ, MIGUEL ÁNGEL. *"La deducibilidad fiscal de la remuneración..."*. Ob. Cit.

171 GONZALEZ SANCHEZ, MIGUEL ÁNGEL. *"La deducibilidad fiscal de la remuneración..."*. Ob. Cit.

172 GONZALEZ SANCHEZ, MIGUEL ÁNGEL. *"La deducibilidad fiscal de la remuneración..."*. Ob. Cit.

173 GONZALEZ SANCHEZ, MIGUEL ÁNGEL. *"La deducibilidad fiscal de la remuneración..."*. Ob. Cit.

174 GONZALEZ SANCHEZ, MIGUEL ÁNGEL. *"La deducibilidad fiscal de la remuneración..."*. Ob. Cit.

Por otro lado, porque *"ese apartado f no está pensado para casos como el que aquí nos ocupa, pues si fuera así nos encontraríamos con que cualquier gasto que pudiera contravenir alguna norma debería ser reputado como no deducible"* ([175]).

Gandarias Cebrián destaca por su optimismo.

En su opinión, la sentencia de febrero de 2018 carece de trascendencia tributaria. *"Haciendo un ejercicio del riesgo que hace mucho que caracteriza a este oficio, anticipo mi particular opinión: aquí no ha pasado nada"* ([176]).

El legislador tributario, *"en el uso de su libertad de configuración normativa, ha decidido que este tipo de retribuciones sean deducibles"* ([177]).

Y prosigue. *"Es aquí donde, en mi humilde opinión, vuelve a cobrar sentido la expresión utilizada al respecto en el aludido informe de la DGT, de 12 de marzo de 2009: tendrán la consideración de gasto deducible aunque no se cumpla de forma escrupulosa con todos y cada uno de los requisitos que, para cada tipo de retribución, establece la normativa mercantil"* ([178]).

Lo que *"equivale a decir que los eventuales defectos que afecten a su correcta determinación no impedirán su deducción, siempre que los Estatutos establezcan el carácter remunerado del cargo cumpliendo las exigencias del artículo 217 LSC, por lo concerniente a los administradores "en su condición de tales", y del artículo 249, por lo que se refiere a los 'ejecutivos'"* ([179]).

No es una afirmación *"que a los fiscalistas nos deba sorprender, porque conocemos bien la potestad que el artículo 13 LGT (...). Se trata de una función de calificación que, en primer lugar, corresponde realizar a los contribuyentes (...), atribuyéndole a la Administración tributaria, en el ámbito de la aplicación de los tributos, la función de recalificar lo declarado, siempre conforme a los términos que impone el precepto y la normativa aplicable a cada caso. Función que debe desempeñarse tanto si favorece a los intereses del fisco como si no es así, de tal suerte que, no estando expresamente prohibida o limitada su deducibilidad, cabalmente, cualquier gasto correlacionado con los ingresos incidirá negativamente en la configuración de la base imponible del IS, salvo que se trate de una actuación contraria al ordenamiento jurídico (art. 15 f LIS)"* ([180]).

En este sentido, prosigue, *"la DGT ya ha dejado claro que los gastos derivados de actuaciones contrarias al ordenamiento jurídico a los que se refiere la letra f) del artí-*

175 Gonzalez Sanchez, Miguel Ángel. *"La deducibilidad fiscal de la remuneración..."*. Ob. Cit.

176 Gandarias Cebrian, Leopoldo. "La retribución de los administradores ejecutivos en el Impuesto sobre Sociedades". *Práctica Jurídica. Notario del siglo XXI.* Colegio Notarial de Madrid. https://www.elnotario.es/hemeroteca/revista-80/8775-la-retribucion-de-los-administradores-ejecutivos-en-el-impuesto-sobre-sociedades

177 Gandarias Cebrian, Leopoldo. "La retribución de los administradores ejecutivos ...". Ob. Cit.

178 Gandarias Cebrian, Leopoldo. "La retribución de los administradores ejecutivos ...". Ob. Cit.

179 Gandarias Cebrian, Leopoldo. "La retribución de los administradores ejecutivos ...". Ob. Cit.

180 Gandarias Cebrian, Leopoldo. "La retribución de los administradores ejecutivos ...". Ob. Cit.

culo 15 de las LIS "son aquellos cuya realización está castigada por el propio ordenamiento jurídico, como es el caso de los sobornos, de manera que su realización es contraria al mismo y está penada. Esto es, la realización del propio gasto, el gasto ilícito y que, como tal, conlleva una pena, es el gasto que no resulta fiscalmente deducible. Dicha ilicitud, sin embargo, no puede atribuirse a la existencia de meros defectos formales, cuya subsanación resulte posible sin consecuencias gravosas" (entre otras, consulta núm. V1788, de 10 de julio de 2017)" ([181]).

A su juicio, *"de esta interpretación no puede desprenderse en modo alguno que las retribuciones de un administrador por el ejercicio de funciones ejecutivas o de alta dirección pasen a tener la consideración de no deducibles, "aunque no se cumpliera de forma escrupulosa con todos y cada uno de los requisitos que, para cada tipo de retribución, establece la normativa mercantil" o concurrieran defectos que eventualmente afecten a su validez, cuando las partes interesadas prescindan de ellos, dando total y cabal cumplimiento a la voluntad deseada, aunque su formación no sea perfecta"* ([182]).

En consecuencia, *"la Sentencia de 26 de febrero de 2018, no debería afectar a la determinación de la base imponible del IS"* ([183]).

Y apostilla. *"Si conforme al principio de capacidad económica (presupuesto y fundamento del deber de contribuir) se quiere gravar la renta neta, será preciso permitir la deducción de todos aquellos gastos correlacionados con los ingresos; esto es, debe ser calificado de gasto deducible cualquier desplazamiento patrimonial que tenga por objeto la realización del hecho imponible, con el fin de delimitar con precisión la capacidad económica gravada. Se trata, en fin, de que la base imponible quede despojada de aquello que haya contribuido a su determinación (cfr., una vez más, art. 10.3 LIS). Y a mi juicio no parece descabellado integrar en esa idea cualquier retribución percibida por quienes están llamados a dirigir los destinos de una sociedad mercantil, en tanto en cuanto no encuentren acomodo en una norma prohibitiva"* ([184]).

En resumen, y siguiendo a Memento, las situaciones que se pueden dar son las siguientes:

a) Los estatutos establecen el carácter gratuito del cargo de administrador. En este caso no es fiscalmente deducible el pago que la entidad haga a los administradores, pues se considera una liberalidad, al no ser obligatorio por los servicios que prestan a la entidad.

b) Los estatutos establecen el carácter gratuito del cargo de administrador y éste ejerce funciones de alta dirección. Si el administrador ha formalizado un contrato (mercantil o laboral especial) retribuido de alta dirección con la enti-

181 Gandarias Cebrian, Leopoldo. "La retribución de los administradores ejecutivos ...". Ob. Cit.

182 Gandarias Cebrian, Leopoldo. "La retribución de los administradores ejecutivos ...". Ob. Cit.

183 Gandarias Cebrian, Leopoldo. "La retribución de los administradores ejecutivos ...". Ob. Cit.

184 Gandarias Cebrian, Leopoldo. "La retribución de los administradores ejecutivos ...". Ob. Cit.

dad para el desempeño de funciones ejecutivas, aunque se trate de funciones propias del cargo de administrador, esas retribuciones son gasto fiscalmente deducible, aunque, por la doctrina del vínculo, se considera el vínculo con la entidad de carácter exclusivamente mercantil, y por tanto, subsumidas las actividades de alta dirección dentro del cargo de administrador.

c) Los estatutos establecen el carácter retribuido del cargo de administrador. Es fiscalmente deducible el pago que la entidad haga a los administradores conforme a lo previsto en los estatutos.

d) Los estatutos establecen el carácter retribuido del cargo de administrador y se formaliza un contrato para el desempeño de funciones de alta dirección. El pago satisfecho en su totalidad por ambas funciones es deducible, aunque en conjunto exceda de lo establecido en los estatutos –a consecuencia de que una parte retribuye funciones ejecutivas–, y aunque las actividades del contrato de alta dirección se encuentren subsumidas en el cargo de administrador. Este caso también responde a la situación en la que el administrador realiza funciones ejecutivas ([185]).

Dictada la resolución del TEAC de julio de 2020, son también varios los autores que se han pronunciado al respecto.

Para Vilar Riba, *"en plena efervescencia de la cuestión el legislador decidió modificar la Ley del Impuesto sobre Sociedades; modificación en vigor a partir del ejercicio 2015. En aquel momento muchos (...) pensamos que la nueva redacción de la norma venía a acabar con la polémica y, sorprendentemente, a favor de la deducibilidad del gasto alejándose, por tanto, del excesivo formalismo de la situación anterior"* ([186]).

Con dicha modificación, continúa, algunos entendieron *"que la referencia que hacía la norma (...) tenía que ser interpretado en el sentido (de que) con independencia de formalismos de los estatutos y de su previsión respecto a la retribución del cargo, a efectos del Impuesto sobre Sociedades no tenía que haber problema en la deducción de este gasto"* ([187]).

Sin embargo, prosigue, el TEAC *"nos ha sorprendido (...) con una interpretación (...) excesivamente literal y formalista, cuando, dando una vuelta de tuerca al asunto, viene a afirmar que las retribuciones pagadas a un administrador cuando el cargo según estatutos es gratuito quizás no son una liberalidad, pero sí son una actuación contraria al ordenamiento jurídico. Y, por esta razón, igualmente tiene que rechazarse su deducción"* ([188]).

---

185 Memento Impuesto sobre Sociedades 2020. Ed. Lefebvre. Marginal 617.

186 Grupo VILAR RIBA. "A vueltas con la retribución de los administradores: Deducibilidad del gasto en el Impuesto sobre Sociedades". Asesoría & Asesores fiscales. 25 de septiembre de 2020. https://www.vilarriba.com/retribucio-administradors-deduibilitat-despesa-impost-societats/?lang=es

187 Grupo VILAR RIBA. *"A vueltas con la retribución de los administradores..."*. Ob. Cit.

188 Grupo VILAR RIBA. *"A vueltas con la retribución de los administradores..."*. Ob. Cit.

Por su parte, y para la AEDAF, *"la reforma operada en el (IS), vino, en principio, a eliminar los problemas en cuanto a la deducibilidad de las retribuciones a administradores de sociedades en cuyos estatutos figuran los cargos como no retribuidos"* ([189]).

De acuerdo con el art. 15.e) *"parecía solventado el problema en aquellas situaciones en que los estatutos sociales no preveían la remuneración de sus órganos de administración"* ([190]).

Posteriormente a la reforma de la norma fiscal, señala, *"la Ley 31/2014 de 3 de diciembre (introdujo) determinadas modificaciones en la norma mercantil respecto a la retribución de los administradores"*, modificación que, en lo relativo a la retribución de los administradores, *"fue analizada por el Tribunal Supremo en su sentencia de la Sala de lo Civil de 26 de febrero de 2018 (Rec. de casación 3574/2017)"* ([191]).

En su opinión, *"la respuesta dada por el Tribunal Supremo en esta sentencia de la Sala de lo Civil, tiene importantes implicaciones fiscales, ya que todo pacto contrario al ordenamiento jurídico nunca podrá ser fiscalmente deducible, y así lo recoge expresamente la letra f) del artículo 15 de la Ley 27/2014"* ([192]).

Por tanto, concluye, *"la deducibilidad fiscal de las retribuciones de los administradores exige que se cumpla con la normativa mercantil atiente a la materia"* ([193]).

Centrándose ya en la resolución del TEAC, la AEDAF apunta que *"lo realmente novedoso de la (misma) es el argumento al que se acoge el Tribunal para negar la deducibilidad de tales gastos. Y es que se basa en el nuevo criterio fijado por el Tribunal Supremo en su sentencia de la Sala de lo Civil de 26 de febrero de 2018 respecto a los requisitos mercantiles que deben cumplir las retribuciones de los administradores, en cuanto a que la constancia estatutaria prevista en el artículo 217 resulta aplicable, no solo a los consejeros que no realizan funciones ejecutivas, sino también a los que sí las desarrollan y perciben por ellas la correspondiente retribución. Por tanto y dado que en el caso que los estatutos sociales reflejan la gratuidad del cargo de administrador, las cantidades pagadas a los consejeros en virtud de los contratos de alta dirección firmados por la compañía son pactos contrarios al ordenamiento jurídico y por tanto, no deducibles por aplicación del artículo f) de la Ley 27/2014 del Impuesto sobre Sociedades"* ([194]).

En este contexto, concluye, *"en el que una vez más la doctrina en el ámbito civil tiene consecuencias en el ámbito fiscal, nos planteamos de qué ha servido realmente la tan ansiada reforma de la Ley del Impuesto sobre Sociedades en lo referente a*

---

189 AEDAF. Gabinete de Estudios. "Deducibilidad de retribuciones a administradores y consejeros: RTEAC de 17 de julio de 2020, R.G. 3156/2019". Gabinete de Estudios. Septiembre 2020. Pág. 2.

190 AEDAF. Gabinete de Estudios. *"Deducibilidad de retribuciones a administradores..."*. Ob. Cit. Pág. 2.

191 AEDAF. Gabinete de Estudios. *"Deducibilidad de retribuciones a administradores..."*. Ob. Cit. Pág. 2.

192 AEDAF. Gabinete de Estudios. *"Deducibilidad de retribuciones a administradores..."*. Ob. Cit. Pág. 3.

193 AEDAF. Gabinete de Estudios. *"Deducibilidad de retribuciones a administradores..."*. Ob. Cit. Pág. 3.

194 AEDAF. Gabinete de Estudios. *"Deducibilidad de retribuciones a administradores..."*. Ob. Cit. Pág. 3.

esta materia, dado que cinco años después de su entrada en vigor nos encontramos en la misma situación: no deducibilidad de las retribuciones por funciones ejecutivas sin la necesaria reserva estatutaria" ([195]).

En opinión de JDA SFAI, *"si con la (LIS) vigente a partir del año 2015 se había establecido cierta tregua fiscal respecto a la deducibilidad de las retribuciones satisfechas a los administradores societarios con funciones ejecutivas (y así lo reflejábamos en nuestros Apuntes del pasado mes de septiembre), el Tribunal Económico-Administrativo Central (TEAC) ha removido las bases de dicha tregua con una interpretación novedosa y contraria al criterio hasta hoy establecido por la Dirección General de Tributos (DGT). ¿Falta de coordinación entre los órganos interpretativos del Ministerio de Hacienda, con los de aplicación y revisión de los tributos?"* ([196]).

Recuerda el autor que *"la Ley 27/2014 de 27 de noviembre, excluye del concepto donativos y liberalidades (...) "las retribuciones a los administradores por el desempeño de funciones de alta dirección, u otras funciones derivadas de un contrato de carácter laboral con la entidad""* ([197]).

Esta exclusión, prosigue, *"se ha venido interpretando, hasta ahora, como un intento del legislador de terminar, a efectos fiscales, con las consecuencias de la conocida como "Teoría del Vínculo""* ([198]).

Así, *"se excluye del concepto de liberalidad, (...) a aquellas retribuciones que se satisfacen a los administradores societarios por las labores de alta dirección u otras derivadas de un contrato laboral con la entidad. Se separa, por tanto, el tratamiento fiscal de la problemática existente en la esfera mercantil en el ámbito de la remuneración de los administradores societarios con funciones ejecutivas, asunto éste que, en los últimos años, ha sido objeto de intenso debate"* ([199]).

La DGT, *"órgano encargado de la interpretación de la normativa tributaria, ha interpretado la nueva redacción del art.15.e) de la forma señalada, considerando deducibles retribuciones percibidas por las funciones de alta dirección realizadas por el administrador único de una empresa, incluso en el caso extremo de gratuidad del cargo en los estatutos sociales. Tal es el caso analizado en su consulta vinculante de 8 de septiembre de 2016, o en la de 14 de septiembre de ese mismo año"* ([200]).

---

195 AEDAF. Gabinete de Estudios. *"Deducibilidad de retribuciones a administradores..."*. Ob. Cit. Pág. 3.

196 JDA SFAI. "Si el cargo es gratuito las retribuciones a administradores no son deducibles en el impuesto sobre sociedades". 7 de octubre de 2020. https://www.jda.es/si-el-cargo-es-gratuito-las-retribuciones-a-administradores-no-son-deducibles-en-el-impuesto-sobre-sociedades/

197 JDA SFAI. *"Si el cargo es gratuito..."*. Ob. Cit.

198 JDA SFAI. *"Si el cargo es gratuito..."*. Ob. Cit.

199 JDA SFAI. *"Si el cargo es gratuito..."*. Ob. Cit.

200 JDA SFAI. *"Si el cargo es gratuito..."*. Ob. Cit.

Por otro lado, continúa, *"no debemos olvidar que este criterio establecido por la DGT debió ser respetado por los órganos de aplicación de los tributos, como así lo ordena nuestra Ley General Tributaria. Sin embargo, algo ha fallado cuando el TEAC ha tenido ocasión de pronunciarse sobre esta cuestión. Y lo ha hecho, como desgraciadamente el contribuyente temía que se hiciera antes o después, negando la deducibilidad de las retribuciones a administradores que desempeñan funciones directivas, en los casos en que éstas no se ajustan a lo dispuesto en la normativa mercantil, por considerar que se trata de un gasto contrario al ordenamiento jurídico, de acuerdo con lo dispuesto en el art. 15.f) de la LIS"* ([201]).

En cualquier caso, *"ante el criterio ahora establecido por el TEAC, la retribución de los administradores, incluyendo los que ejercen funciones directivas, debe cumplir escrupulosamente con lo establecido por la normativa y jurisprudencia mercantil, ciñéndose a los requisitos de constancia estatutaria prevista en el artículo 217 de la Ley de Sociedades de Capital y su interpretación dada por la polémica Sentencia de la Sala de lo Civil del Tribunal Supremo de 26 de febrero de 2018"* ([202]).

De especial interés es la reflexión que De Francisco plantea en el sentido de que *"lo sorprendente de la tesis del TEAC es que transforma una posible disputa societaria entre accionistas y administradores en un conflicto cierto entre la Administración y la sociedad, atribuyendo a la Administración una capacidad de interpretación de los estatutos sociales y los contratos suscritos con los administradores ajena a la voluntad de las partes, además bajo la calificación de actuación contraria al ordenamiento jurídico, dejando a Juzgados de lo Mercantil al margen"* ([203]).

Por ello, y al margen de cuestiones tributarias, *"lo realmente alarmante de la tesis sostenida por el TEAC son sus efectos fuera del ámbito tributario"* ([204]).

Y se pregunta. ¿Merced a esa ilegalidad, es necesario reclamar al alto directivo la devolución de las cantidades "ilegalmente" percibidas?, por ejemplo ([205]).

En opinión de Montero-Aramburu Abogados, *"la Dirección General de Tributos –en línea con la relevante modificación de la normativa mercantil operada por la Ley 31/2014, de 3 de diciembre, por la que se modifica la Ley de Sociedades de Capital para la mejora del gobierno corporativo, en vigor también desde el 1 de enero de 2015–, (parecía distinguir), por una parte, la retribución por "funciones ejecutivas" del administrador, que se consideraba deducible tanto si se aprobaba como retribución del administrador como si se determinaba en el marco de un contrato de alta direc-*

201 JDA SFAI. *"Si el cargo es gratuito..."*. Ob. Cit.

202 JDA SFAI. *"Si el cargo es gratuito..."*. Ob. Cit.

203 De Francisco, Raúl. "La nueva tesis de Hacienda para impedir la deducibilidad de las retribuciones de los consejeros no detalladas en los estatutos puede alimentar conflictos intrasocietarios". Garrido Abogados. Septiembre de 2020. https://garrido.es/la-nueva-tesis-de-hacienda-para-impedir-la-deducibilidad-de-las-retribuciones-de-los-consejeros-no-detalladas-en-los-estatutos-puede-alimentar-conflictos-intrasocietarios/

204 De Francisco, Raúl. *"La nueva tesis de Hacienda..."*. Ob. Cit.

205 De Francisco, Raúl. *"La nueva tesis de Hacienda..."*. Ob. Cit.

ción (si el cargo de administrador era gratuito, o si, remunerado, no se había acordado nada al respecto por los órganos mercantiles –junta y/o órgano de administración–) y, por otra, las "funciones mercantiles" o representativas del cargo de administrador, para las que su deducibilidad fiscal quedaba supeditada, siempre y en todo caso, a la determinación del cargo como retribuido en los estatutos sociales, y al cumplimiento de los requisitos previstos en la normativa mercantil para su fijación" ([206]).

Lo cierto, *"es que, salvo casos aislados, la redacción de la Ley 27/2014 y la interpretación realizada por la Dirección General de Tributos acabaron con la alta conflictividad que, hasta entonces, había suscitado la retribución de los administradores cuando la misma no era fijada con escrupulosa atención a todos los requisitos establecidos por la legislación mercantil"* ([207]).

Sin embargo, *"la resolución del (TEAC) (...), y bajo la influencia de la jurisprudencia establecida por el (TS) para la interpretación de la normativa mercantil vigente desde 2015 para la retribución de los administradores (...), ha establecido como doctrina administrativa que la deducibilidad fiscal de la retribución de administradores, ya sea por funciones ejecutivas de dirección o por funciones meramente representativas o deliberativas, exige cumplir escrupulosamente con todos los requisitos establecidos por la legislación mercantil, según la interpretación de los mismos realizada por el (TS) (...) en su sentencia de 26 de febrero de 2018 (...), por ser, en otro caso, no una retribución deducible expresamente excepcionada del concepto "liberalidad" conforme a la letra e) del artículo 15 de la Ley 27/2014, del Impuesto sobre Sociedades, sino un gasto derivado de una actuación contraria al ordenamiento jurídico, ex. artículo 15.f) del mismo cuerpo legal, y por ende no deducible"* ([208]).

Por su parte, Pedreira Menéndez, destaca con acierto que *"el TEAC (...) está vaciando de contenido a la reforma (...) ya que (...) llega al mismo resultado que, aparentemente, el legislador pretendió evitar"* ([209]).

Así mismo, y en su opinión, *"que un acto sea ilícito requiere un previo pronunciamiento judicial o administrativo, no siendo la Administración* tributaria la competente para hacerlo en materia de retribución de administradores" ([210]).

En alusión al art. 13 de la LGT, el autor destaca también que *"resulta curioso que, cuando le interesa, la Administración invoca la autonomía del Derecho financiero y*

---

206 Montero-Aramburu, Abogados. "Retribución a los administradores y deducibilidad fiscal. Resolución del TEAC de 17 de julio de 2020". Septiembre de 2020. https://www.montero-aramburu.com/retribucion-a-los-administradores-y-deducibilidad-fiscal-resolucion-del-teac-de-17-de-julio-de-2020/

207 Montero-Aramburu, Abogados. *"Retribución a los administradores..."*. Ob. Cit.

208 Montero-Aramburu, Abogados. *"Retribución a los administradores..."*. Ob. Cit.

209 Pedreira Menéndez, José. "La deducción de la retribución de administradores y consejeros. Análisis de la RTEAC de 17 de julio de 2020, RG 3156/2019". El presente trabajo se desarrolla dentro del Proyecto de Investigación FC-GRUPIN-IDI-2018-00202.Revista de Contabilidad y Tributación. CEF. Núm. 454 (enero 2021). Pág. 04.

210 Pedreira Menéndez, José. "La deducción de la retribución de administradores y consejeros. Análisis de la RTEAC ...). Ob. Cit. Pág. 05.

tributario, y cuando no, se ve ceñida por interpretaciones aisladas de la Sala de lo Civil del TS, que aún no ha refrendado esta jurisprudencia" (211).

En definitiva, para PEDREIRA MENÉNDEZ se *"viene a reabrir un problema"* (212) y, por tanto, *"la modificación legislativa efectuada en 2014 ha vuelto a quedar vacía de contenido, siendo preciso, de nuevo, que se ponga orden y un poco de sentido común en esta materia, coordinando las distintas normas implicadas, no solo mercantiles y tributarias, sino también estas últimas entre sí"* (213).

Por último, y en opinión de la AEDAF, hay que destacar que la sentencia del TS de 26 de febrero de 2018 no se puede considerar como doctrina legal, así como que el TEAC ignora la teoría del *"abuso de la formalidad"*. Recuerda, también, y entre otras cuestiones, el criterio de la DGT con relación al concepto de gastos de actuaciones contrarias al ordenamiento, la falta de competencia de la Administración y del TEAC para declarar ilícito un negocio mercantil, y la presunta prevalencia de la letra e) del art. 15 con relación a su letra f) (214).

En otro orden de cosas, hay que destacar, también, aquellos autores que inciden en la aplicación del art. 13 de la LGT.

Así, en opinión de PEDREIRA MENÉNDEZ, no se puede olvidar *"la autonomía de nuestra rama del Derecho para llevar a cabo calificaciones jurídicas, como reconoce expresamente la LGT en su art. 13"* (215).

La calificación *"al margen del ámbito civil, mercantil o laboral, no es algo extraño en el ordenamiento tributario"*. En definitiva, *"el TS debería entrar en la esencia de las relaciones jurídicas subyacentes y no quedarse en las formas, sobre todo, porque atraer conceptos del Derecho mercantil y laboral al ámbito tributario, en una cuestión tan sensible como esta, nos lleva a situaciones absurdas"* (216).

---

211 PEDREIRA MENÉNDEZ, JOSÉ. "La deducción de la retribución de administradores y consejeros. Análisis de la RTEAC ...). Ob. Cit. Pág. 06.

212 PEDREIRA MENÉNDEZ, JOSÉ. "La deducción de la retribución de administradores y consejeros. Análisis de la RTEAC ...). Ob. Cit. Pág. 06.

213 PEDREIRA MENÉNDEZ, JOSÉ. "La deducción de la retribución de administradores y consejeros. Análisis de la RTEAC ...). Ob. Cit. Pág. 07.

214 Asociación Española de Asesores Fiscales (AEDAF). "Líneas argumentales para rebatir la no deducibilidad del gasto de retribuciones pagadas a consejeros delegados no cubiertas por la cláusula estatutaria". Gabinete de Estudios. Diciembre 2020.

215 PEDREIRA MENÉNDEZ, José. "La retribución de administradores y consejeros: gratuidad estatutaria del cargo e impuesto sobre sociedades. Análisis de la STS de 26 de septiembre de 2013 (rec. num. 4808/2011) y STS de 30 de octubre de 2013 (rec. núm. 131/2012)". *Revista de Contabilidad y Tributación (CEF)*, núm. 373. Abril 2014. Pág. 178.

216 PEDREIRA MENÉNDEZ, José. *"La retribución de administradores y consejeros..."*. Ob. Cit. Págs. 178 y 179.

Para FALCÓN Y TELLA, *"resulta llamativo que el artículo 13 de la Ley General Tributaria no aparezca en prácticamente ninguna resolución o sentencia"* ([217]).

Por ello, prosigue, *"creo conveniente llamar la atención sobre este olvidado precepto de la Ley General Tributaria"* ([218]).

Lo anterior *"también vale para las remuneraciones de los administradores, aunque no aparezcan fijadas en los estatutos sociales con el detalle y la concreción exigibles"*. Tales remuneraciones *"podrán ser atacadas en vía civil, o ante la jurisdicción social según los casos, pero mientras no se anulen ha de aceptarse la realidad de las mismas y su carácter de gasto deducible"* ([219]).

Y concluye. *"Carece totalmente de sentido que la sociedad las haya pagado, por considerarse obligada a ello, con la consiguiente minoración del beneficio repartible, que dicho pago no se haya anulado ni en la vía civil ni en la social, pues ningún accionista los ha impugnado, y que sin embargo tales pagos no puedan deducirse fiscalmente porque la inspección y la jurisdicción contencioso-administrativa han entendido que no eran admisibles desde el punto de vista jurídico-privado"* ([220]).

Para GARCÍA NOVOA, *"ha de tenerse en cuenta que (el) art. 13 de la (LGT establece que), la validez o no de los actos o negocios sobre los que se aplica el tributo es irrelevante a efectos de la exigencia de las obligaciones tributarias"* ([221]).

De esta manera, prosigue, *"la Administración no puede considerar inválido el sueldo o la retribución del Administrador para negar la deducibilidad del gasto, que en modo alguno puede considerarse como una liberalidad, pues el concepto de gasto necesario no se identifica con el de jurídicamente obligatorio, sino que abarca todos los gastos que contribuyen a la actividad de la sociedad"* ([222]).

Sin embargo, *"lo que sí es cierto es que el TS se ha esforzado en fundamentar toda su argumentación, no en normas tributarias, sino en disposiciones mercantiles (...). Y puede existir la tentación de aplicar estos criterios en la actualidad"* ([223]).

Sea como fuere el criterio del TEAC está ahí; criterio cuya relevancia la recoge el art. 239.8 de la LGT: la doctrina que ***"de modo reiterado"*** establezca el TEAC

---

217 FALCÓN Y TELLA, RAMÓN. "La abstracción tributaria de la causa y sus consecuencias en la calificación de los negocios". VII Jornada metodológica de derecho financiero y tributario Jaime García Añoveros. Interpretación del derecho financiero y tributario. La asignatura de derecho financiero y tributario en los nuevos planes de estudio. Instituto de Estudios Fiscales. Documento 12/2011. Págs. 174 y 175.

218 FALCÓN Y TELLA, RAMÓN. *"La abstracción tributaria de la causa..."*. Ob. Cit. Pág. 174.

219 FALCÓN Y TELLA, RAMÓN. *"La abstracción tributaria de la causa..."*. Ob. Cit. Pág. 175.

220 FALCÓN Y TELLA, RAMÓN. *"La abstracción tributaria de la causa..."*. Ob. Cit. Pág. 175.

221 GARCÍA NOVOA, CÉSAR. "La deducibilidad de las retribuciones a los administradores en el Impuesto de Sociedades. Las sentencias del Tribunal Supremo de 13 de noviembre de 2008". Revista Quincena Fiscal núm. 8/2009. Editorial Aranzadi. Pág. 33.

222 GARCÍA NOVOA, CÉSAR. *"La deducibilidad de las retribuciones a los..."*. Ob. Cit. Pág. 33.

223 GARCÍA NOVOA, CÉSAR. *"La deducibilidad de las retribuciones a los..."*. Ob. Cit. Pág. 33.

vinculará a los tribunales económico-administrativos regionales y locales y a los órganos económico-administrativos de las Comunidades Autónomas y de las Ciudades con Estatuto de Autonomía y al resto de la Administración tributaria del Estado y de las Comunidades Autónomas y de las Ciudades con Estatuto de Autonomía.

Es cierto, no obstante, que idéntico precepto señala que el TEAC *"**recogerá de forma expresa en sus resoluciones y acuerdos que se trata de doctrina reiterada**"* y procederá a publicarlas según lo dispuesto en el apartado 2 del art. 86 de la LGT, circunstancia, la primera, que no nos consta.

CAPITULO 6

CONCLUSIONES

1. Conclusiones principales

De cuanto antecede en capítulos anteriores, conviene resumir, a modo de conclusiones, las siguientes:

Primera.- La cuestión relativa a la deducibilidad de la retribución de los administradores con cargo gratuito, se ha planteado, antes y después de la reforma de 2014, incorrectamente, en la medida que se ha ignorado la aplicación del art. 13 de la LGT.

Segunda.- Tal circunstancia es especialmente grave ya que olvida la autonomía calificadora del Derecho Tributario y, en particular, el principio de irrelevancia fiscal de los vicios que pueden afectar a la validez de los actos y/o negocios.

Tercera.- Aunque el criterio jurisprudencial en el que se fundamenta la no deducibilidad de las retribuciones es su condición de liberalidad, el que realmente subyace en el mismo es el de la *"estricta legalidad"*.

Cuarta.- Hasta la reforma del 2014, la normativa del IS no preveía ninguna posible corrección sobre el resultado contable en el supuesto de gastos de actuaciones contrarias al ordenamiento jurídico.

Quinta.- Por tal motivo, la única opción *"legal"* de corregir el resultado contable ha sido la de calificar el gasto como liberalidad.

Sexta.- Su calificación como tal es contraria a la realidad de los hechos objeto de calificación.

Séptima.- El criterio jurisprudencial de la liberalidad, se fundamenta en la ilegalidad de la retribución satisfecha y, por tanto, en su carácter voluntario y no obligatorio.

Octava.- Dicha calificación ignora, por tanto, que el tributo grava *"hechos imponibles"* de acuerdo con su verdadera naturaleza jurídica, sin perjuicio de los vicios que afectan a la validez de los actos y/o negocios realizados.

Novena.- La finalidad del tributo no es juzgar la legalidad de los actos y/o negocios realizados, sino la de gravar los *"hechos imponibles"* realmente realizados de acuerdo con la capacidad económica del contribuyente.

Décima.- Por tanto, la no deducibilidad de las retribuciones vulnera el principio de capacidad económica.

Undécima.- Como corolario de lo anterior, la deducción de un gasto como fiscalmente deducible solo se puede negar cuando no se pueda justificar en términos de capacidad económica.

Duodécima.- Dicha circunstancia solo se produce si el gasto *"en sí mismo"* es contrario al ordenamiento, esto es, si está expresamente prohibido.

Decimatercera.- En aplicación del principio de capacidad económica, solo no son deducibles los gastos de actuaciones *"radicalmente"* prohibidas, esto es, aquéllas a las que el derecho sanciona con su nulidad absoluta o radical, es decir, las que carecen de efectos jurídicos *"ab initio"* y que, por su naturaleza, son imprescriptibles.

Decimacuarta.- Por tanto, no todo gasto de actuación contraria al ordenamiento es no deducible.

Decimaquinta.- Tal interpretación se sustenta, además, en la doctrina de la DGT y en la jurisprudencia del TJUE con relación al tratamiento a los efectos del IVA de las transacciones ilícitas.

Decimasexta.- Retribuir a los administradores no es, en sí mismo, ilegal.

Decimaséptima.- El incumplimiento del principio de reserva estatutaria no constituye un supuesto de nulidad absoluta, sino de acción social de responsabilidad sujeto a un plazo de caducidad.

Decimaoctava.- En consecuencia, no estamos ante un supuesto de nulidad, sino de anulabilidad.

Decimanovena.- Por su parte, considerar que el incumplimiento del principio de reserva estatuaria es siempre y en todo caso una ilegalidad, contradice el criterio jurisprudencial de la *"teoría del abuso de formalidad"*.

Vigésima.- La AEAT y los Tribunales Económicos Administrativos no son competentes para dirimir, como cuestión principal, la ilicitud de un acto y/o negocio.

Vigesimoprimera.- En otro orden de cosas, la ilegalidad de la retribución de los administradores se justifica también por el TS en la medida que, la determinación del resultado contable se ha de hacer aplicando el ordenamiento mercantil en su conjunto y no, exclusivamente, las normas mercantiles que disciplinan su determinación.

Vigesimosegunda.- Tal interpretación contradice la literalidad de la propia ley del IS.

Vigesimotercera.- Teniendo en cuenta sus antecedes y contexto, la finalidad del art. 15.e) de la Ley 27/2014 no es otra que la de zanjar la controversia administrativa y judicial en torno a la consideración como liberalidad de la retribución que los administradores perciben por sus funciones ejecutivas.

Vigesimacuarta.- Por aplicación del principio de especialidad, la letra e) del art. 15 de la Ley 27/2014 prevalece sobre su letra f).

Vigesimaquinta.- Cualquier otra interpretación vacía de contenido la mención que el art. 15.e) de la Ley 27/2014 hace a la retribución de los administradores por sus funciones de alta dirección.

Vigesimasexta.- Por funciones de alta dirección hay que entender las inherentes a la titularidad jurídica de la empresa y relativas a los objetivos generales de la misma.

Vigesimaséptima.- La distinción entre la retribución de los administradores *"en su condición de tales"*, y por desarrollar *"funciones ejecutivas"*, tiene su fundamento en los arts. 529 septdecies y 529 octodecies de la LSC, y en el art. 1.3.c) del Estatuto de los Trabajadores.

Vigesimaoctava.- Tal distinción induce a cierta confusión terminológica cuando nos referimos a funciones *"inherentes o propias"* del cargo de administrador.

Vigesimanovena.- No obstante, y de acuerdo con los arts. 529 septdecies y 529 octodecies de la LSC y el art. 1.3.c) del Estatuto de los Trabajadores, es posible interpretar que la expresión que el art. 217.2 de la LSC utiliza al referirse *"en su condición de tales"* se refiere exclusivamente a la retribución de los administradores por funciones distintas a las de alta dirección, sin perjuicio de que tanto éstas como las que retribuyan las funciones deliberativas hayan de cumplir el principio de reserva estatutaria.

Trigésima.- La Sentencia de la Sala de lo Civil del TS, de 26 de febrero de 2018, no fija jurisprudencia y es además contraria a la doctrina de la DGRN, a la doctrina científica, y al criterio de determinados tribunales de justicia.

Trigesimaprimera.- La Resolución del TEAC de 17 de julio de 2020, contraviene el art. 13 de la LGT, el principio de capacidad económica, y el principio de especialidad; interpreta el art. 15 sin tener en cuenta los antecedentes y el contexto a los que el art. 3.1 del CC se refiere; ignora los criterios jurisprudenciales con relación a la teoría del abuso de la formalidad, y los principios de actos propios y de confianza legítima, y obvia que la Sentencia del TS de 26 de febrero de 2018 no fija jurisprudencia y es además contraria a la doctrina mayoritaria.

2. Conclusiones a modo de *"lege ferenda"*

Así mismo, y a título de lege ferenda, cabe concluir lo siguiente:

Primera.- La necesaria reflexión que hay que hacer sobre la retroactividad de aquellos criterios interpretativos que, teniendo efectos generales, son objetivamente imprevisibles y/o contrarios al principio de seguridad jurídica y confianza legítima, y obedecen, además, a conceptos jurídicos indeterminados o a una defectuosa técnica legislativa.

Segunda.- Dada la distinta finalidad que la normativa tributaria, laboral, y/o mercantil tiene, hay que valorar la inaplicación sobrevenida al ámbito tributario de criterios jurisprudenciales acuñados en otras ramas del derecho, en la medida que alteran la interpretación de la normativa tributaria hasta entonces vigente y atentan, o pueden atentar, el principio de capacidad económica, o el de igualdad.

Tercera.- Conviene también reflexionar sobre el enriquecimiento injusto o la sobreimposición que, en términos de capacidad económica, representa gravar en el IS un gasto (vía su no deducción), y en el IRPF (vía renta o ingreso).

Cuarta.- Es imprescindible que, en casos similares, el legislador actúe con celeridad y firmeza, dictando las correspondientes *"disposiciones interpretativas o aclaratorias"* a que el art. 12.3 de la LGT se refiere; disposiciones que son de obligado cumplimiento para todos los órganos de la Administración Tributaria.

Quinta.- Hay que reflexionar, igualmente, sobre la validez de resoluciones, como la del TEAC, cuando se fundamentan en resoluciones judiciales que no constituyen jurisprudencia, y que son además contrarias a la doctrina mayoritaria.

Sexta.- También es necesario reflexionar sobre las consecuencias y límites que para el contribuyente ha de tener la falta de rigor y diligencia legislativa, además de las consecuencias extratributarias que una resolución como la del TEAC tiene, o puede tener, en el ámbito de la empresa y en el de la relación entre el accionista y la sociedad.

Séptima.- Es finalmente urgente una reforma legislativa que zanje y regule de forma definitiva las cuestiones mercantiles, laborales y fiscales relativas a la retribución de los administradores.

BIBLIOGRAFÍA

Adame Martínez, Francisco David, y Romero Plaza, Calos Javier. *Retribución de administradores. Aspectos mercantiles y fiscales*, Asociación Española de Asesores Fiscales (AEDAF), 2016.

AEDAF. Gabinete de Estudios:

- *Deducibilidad de retribuciones a administradores y consejeros (RTEAC de 17 de julio de 2020, R.G. 3156/2019),* Gabinete de Estudios, 2020.
- *Líneas argumentales para rebatir la no deducibilidad del gasto de retribuciones pagadas a consejeros delegados no cubiertas por la cláusula estatutaria,* Gabinete de Estudios, diciembre 2020.

Álvarez Barbeito, Pilar: *Deducibilidad en el impuesto sobre sociedades de las retribuciones a los administradores: ¿es necesario un protocolo?*, Gómez Acebo & Pombo, 2016.

Barros García, Mario: *¿Continúa vigente la «doctrina del vínculo» tras la modificación de la ley de sociedades de capital?,* Actualidad Jurídica Uría Menéndez, número 41, 2015.

Caamaño Anido, Miguel: *La reducción del 95 (o del 99) por 100 en el ISD y la retribución de los administradores,* Quincena Fiscal, número 8, Editorial Aranzadi, Navarra, 2011.

Carbajo, Domingo: *Gastos no deducibles y gastos por actuaciones contrarias al Ordenamiento Jurídico,* VLex, octubre, 2020.

Compendio de Derecho Civil. Tomo I, Lección 1, https://www.cerasa.es/media/areces/files/book-attachment-2072.pdf.

De Castro y Bravo, Federico: *Derecho civil de España. Parte General,* Introducción al Derecho Civil, Tomo I, 3ª Edición, Madrid, 1.955.

De Francisco, Raúl: *La nueva tesis de Hacienda para impedir la deducibilidad de las retribuciones de los consejeros no detalladas en los estatutos puede alimentar conflictos intrasocietarios*, Garrido Abogados, 2020. https://garrido.es/la-nueva-tesis-de-hacienda-para-impedir-la-deducibilidad-de-las-retribuciones-de-los-consejeros-no-detalladas-en-los-estatutos-puede-alimentar-conflictos-intrasocietarios/

FALCÓN Y TELLA, RAMÓN: *La abstracción tributaria de la causa y sus consecuencias en la calificación de los negocios*, Asignatura de Derecho Financiero y Tributario en los nuevos planes de estudio, (VII Jornada metodológica de Derecho Financiero y tributario Jaime García Añoveros. Interpretación del Derecho Financiero y Tributario), Instituto de Estudios Fiscales, Documento número 12, 2011.

GANDARIAS CEBRIÁN, LEOPOLDO: *La retribución de los administradores ejecutivos en el Impuesto sobre Sociedades*, El Notario del siglo XXI, Práctica Jurídica número 93, 2013. https://www.elnotario.es/hemeroteca/revista-80/8775-la-retribucion-de-los-administradores-ejecutivos-en-el-impuesto-sobre-sociedades

GARCÍA GÓMEZ, ANTONIO J.: *Fiscalidad de la retribución de los administradores sociales y su impacto en la tributación de la sociedad,* Retribución y prestación de servicios de los administradores de sociedades, Dirección GARCÍA-CRUCES, José Antonio, Editorial Tirant Lo Blanch, Valencia, 2018.

GARCÍA NOVOA, CÉSAR: *La deducibilidad de las retribuciones a los administradores en el Impuesto de Sociedades.*, Revista Quincena Fiscal número 8, Editorial Aranzadi, 2009.

GARCÍA-OVIES SARANDESES, ISABEL: *La reforma del sistema tributario español* (2ª parte), – *La delimitación negativa del concepto de gasto deducible en el Impuesto sobre Sociedades. Especial consideración de las retribuciones de los administradores,* Encuentro de derecho financiero y tributario (3ª edición), Instituto de Estudios Fiscales. DOC. Número 10, 2015.

GONZÁLEZ SÁNCHEZ, MIGUEL ÁNGEL: *La deducibilidad fiscal de la remuneración de administradores tras la STS de 26 febrero 2018*, Periscopio fiscal y legal, PwC Tax & Legal Services, 2018. https://periscopiofiscalylegal.pwc.es/la-deducibilidad-fiscal-de-la-remuneracion-de-administradores-tras-la-sts-de-26-febrero-2018/

GRUPO VILAR RIBA: *A vueltas con la retribución de los administradores: Deducibilidad del gasto en el Impuesto sobre Sociedades*, Asesoría & Asesores fiscales, 2020. https://www.vilarriba.com/retribucio-administradors-deduibilitat-despesa-impost-societats/?lang=es

JDA SFAI: *Si el cargo es gratuito las retribuciones a administradores no son deducibles en el impuesto sobre sociedades*, 2020. https://www.jda.es/si-el-cargo-es-gratuito-las-retribuciones-a-administradores-no-son-deducibles-en-el-impuesto-sobre-sociedades/

LUCENA GRACIA, FRANCISCO JAVIER: *La fiscalidad de socios y administradores de sociedades*, Editorial CISS (Grupo Wolters Kluwer), Madrid, 2015.

MARÍN BENÍTEZ, GLORIA:

— "Los consejeros ejecutivos en el Derecho tributario: efectos fiscales de la doctrina del vínculo". *Revista de Contabilidad y Tributación*, números 353 y 354, Centro de Estudios Financieros, 2012.

— "El tratamiento fiscal de la remuneración al administrador tras las leyes 27/2014 y 31/2014, (Foro de la Actualidad)", *Actualidad Jurídica Uría Menéndez*, número 39, 2015.

MEMENTO IMPUESTO SOBRE SOCIEDADES, Editorial Lefebvre, 2020

MONTERO-ARAMBURU, ABOGADOS: *Retribución a los Administradores y Deducibilidad Fiscal, Resolución TEAC de 17 de julio, 2020. https://www.montero-aramburu.com/retribucion-a-los-administradores-y-deducibilidad-fiscal-resolucion-del-teac-de-17-de-julio-de-2020/*

MONTERO FERNÁNDEZ, JOSÉ ANTONIO:

— *El concepto de gasto deducible y de liberalidad en el Impuesto sobre Sociedades. Consecuencias fiscales y extrafiscales de la calificación como liberalidad de determinados conceptos de gasto,* X Congreso Tributario, Asturias, 2014.

— *La Justicia ¿Garantía del Estado de Derecho?,* Ediciones Foro Jurídico, Consejo General del Poder Judicial y AEDAF (Asociación española de Asesores Fiscales), X Congreso Tributario, Valencia, 2015.

O'CALLAGHAN MUÑOZ, XAVIER: "Introducción y parte general del Derecho Civil. Derecho de la persona", *Compendio del Derecho Civil, Tomo I (Lección 1ª),* Editorial Universitaria Ramón Areces, 2020

PEDREIRA MENÉNDEZ, JOSÉ:

— *La retribución de administradores y consejeros: gratuidad estatutaria del cargo e Impuesto sobre Sociedades, Revista de Contabilidad y Tributación (CEF), número 373, 2014.*

— *La deducción de la retribución de administradores y consejeros. Análisis de la RTEAC de 17 de julio de 2020, RG 3156/2019. El presente trabajo se desarrolla dentro del Proyecto de Investigación FC-GRUPIN-IDI-2018-00202, Revista de Contabilidad y Tributación, CEF. Núm. 454 (enero 2021).*

PEDREÑO LÓPEZ, CARLES: *El tratamiento jurídico-fiscal de la remuneración de los administradores*, Editorial THOMSON REUTERS, Pamplona, 2018.

PUEBLA AGRAMUNT, NURIA: *El gravamen de lo ilícito. Aplicación práctica de la solución propuesta a los distintos impuestos desde nuestro Derecho Positivo*, Revista de Contabilidad y Tributación CE, número 310.

NOTAS

Made in United States
North Haven, CT
05 November 2026

21760271R00085